W0176890

# TESSLOFFS
# ATLAS
# DER URZEIT
## UND DINOSAURIER

# TESSLOFFS
# ATLAS
# DER URZEIT
## UND DINOSAURIER

Robert Muir Wood

**Tessloff Verlag**

In neuer deutscher Rechtschreibung
überarbeitete Neuauflage
© 2004, 1992 Tessloff Verlag, Nürnberg
© 2003 Horus Editions Limited, 1992 Ilex Publishers

Aus dem Englischen
von Simone Wiemken und Andrea Mertiny

Alle Rechte vorbehalten

ISBN 3-7886-1391-2

Printed in Singapore

# INHALT

# EINFÜHRUNG

**D**ie Menschen haben ihren Planeten und seine Umgebung bis in den letzten Winkel erforscht. Je weiter sie dabei jedoch in den Weltraum vordringen und je mehr sie dabei über die benachbarten Planeten erfahren, desto bewusster wird ihnen, wie einzigartig ihre Erde doch ist. Wir leben auf einer Oase, inmitten einer riesigen, leeren Wüste aus unbelebten Planeten, umkreist von unbelebten Monden und umgeben von der Unendlichkeit des unbelebten Weltalls.

Vom Weltraum aus betrachtet strahlt unsere Oase wie ein Edelstein, denn sie enthält die kostbarste aller Substanzen: Wasser. Im Wasser ist das Leben entstanden, und durch das Wasser wird es erhalten.

Ein Mensch, der in diese unglaubliche, lebendige Welt hineingeboren wird, kann sich nur schwer vorstellen, wie alt sie bereits ist. Zunächst einmal wird er automatisch davon ausgehen, dass alles, was ihm begegnet und was er sieht, schon immer da war. Doch die „Spirale des Lebens" zeigt nur Tiere und Pflanzen, die bis heute überlebt haben. Es gibt jedoch noch viele andere, die bereits ausgestorben waren, bevor die ersten Menschen auf der Erde erschienen. An diese ausgestorbenen Lebensformen erinnern nur noch ihre versteinerten Überreste, die Fossilien.

QUALLE

SKORPION

SEESTERN

**VOR 600 MILLIONEN JAHREN**

SPINNE

**VOR 400 MILLIONEN JAHREN**

RIESENMUSCHEL

BAUMFARN

**VOR 100 MILLIONEN JAHREN**

KROKODIL

QUASTEN-FLOSSER

VOGEL

BLÜTEN-PFLANZE

SPITZMAUS

HAI

LIBELLE

NADELBAUM

FLEDERMAUS

HALBAFFE

**VOR 300 MILLIONEN JAHREN**

AFFE

WAL

TIGER

KUH

**HEUTE**

MENSCH

## Die Spirale des Lebens

Die Erde lässt sich vergleichen mit einem Eisenbahnwagon, der als Teil eines ganzen Zuges durch die Zeit fährt. An den verschiedenen Haltestellen hat der Wagon Tiere und Pflanzen aufgenommen, die nun alle zusammenleben. Um herauszufinden, wann die einzelnen Pflanzen und Tiere auf der Erde erschienen sind, müssen wir in der Zeit zurückreisen. Auf dieser Reise, die uns Millionen oder sogar Milliarden Jahre in die Vergangenheit führt, werden wir auch erfahren, warum alle Pflanzen und Tiere entfernt miteinander verwandt sind.

Sogar einige der bekanntesten unter den heute lebenden Tieren und Pflanzen geben Aufschluss über die bemerkenswerte Geschichte des Lebens auf der Erde. Manche Arten, wie zum Beispiel die Krokodile mit ihrer schuppigen Haut, haben sich im Laufe von 200 Millionen Jahren kaum verändert. Andere, wie die Baumfarne, die mehr als 300 Millionen Jahre alt sind, wirken primitiv und altertümlich. Blütenpflanzen dagegen gibt es erst seit 100 Millionen Jahren, und Pelztiere sind noch wesentlich jünger.

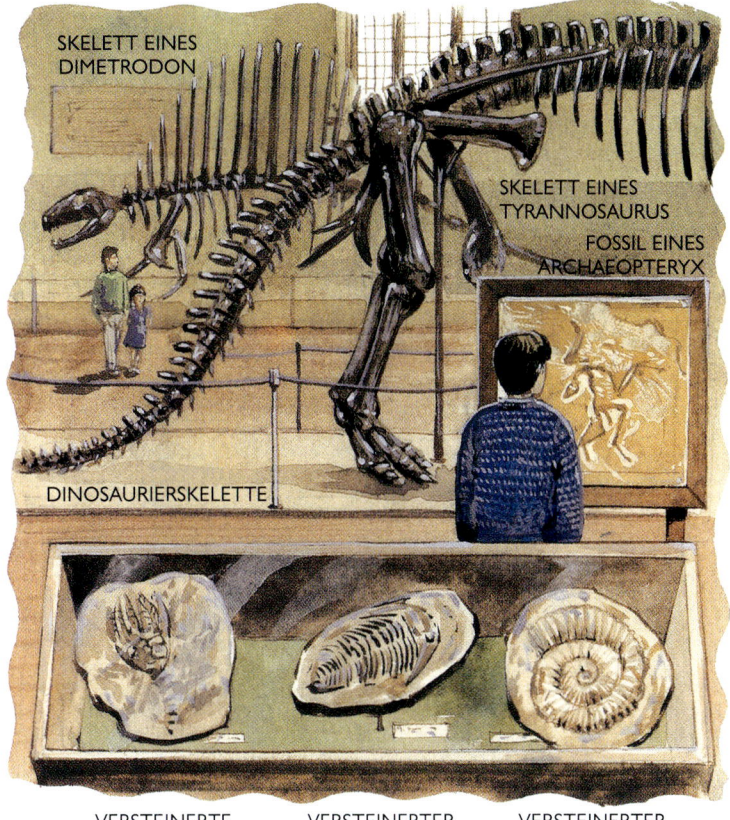

SKELETT EINES DIMETRODON

SKELETT EINES TYRANNOSAURUS

FOSSIL EINES ARCHAEOPTERYX

DINOSAURIERSKELETTE

VERSTEINERTE SEELILIE

VERSTEINERTER TRILOBIT

VERSTEINERTER AMMONIT

BÄRLAPP

SCHLANGE

VOR 500 MILLIONEN JAHREN

VOR 200 MILLIONEN JAHREN

FROSCH

SCHILDKRÖTE

Wenn wir uns im Museum die Tiere der Vorzeit ansehen, deren Knochen in Gestein erhalten blieben, begegnen uns viele Arten, die schon vor langer Zeit ausgestorben sind und von denen es keine lebenden Exemplare mehr gibt. Manche sind sehr klein und einfach gebaut wie die Trilobiten, andere gewaltig und Furcht einflößend wie die Dinosaurier. Doch die Erde selbst ist ein lebendiges Museum, in dem zehn Millionen Tier- und Pflanzenarten leben, von denen einige schon vor Millionen von Jahren entstanden und noch heute existieren.

Ein leckerer, frisch gebackener Kuchen wird vielleicht an einem Tag aufgegessen, doch das Rezept für diesen Kuchen stammt möglicherweise von der Ur-Ur-Großmutter, die vor mehr als 100 Jahren lebte. Auch jedes Lebewesen wächst nach einem besonderen Rezept heran – einer Reihe von Anweisungen, die als „genetischer Code" bezeichnet werden. Der genetische Code ist im kleinsten Teilchen eines Lebewesens aufgezeichnet: der Zelle. Die Zelle ist der Bote, der das Rezept aufbewahrt und von einer Generation an die nächste weitergibt.

Wie das Rezept für einen Kuchen kann sich auch der genetische Code im Laufe der Zeit geringfügig verändern. Deshalb lässt sich die Frage: „Wie alt ist der genetische Code eines Straußes oder Pandas?", am leichtesten beantworten, indem man feststellt, wie weit man zurückgehen muss, um einen Vorfahren zu entdecken, der dem heutigen Strauß oder Panda noch halbwegs ähnlich ist.

# IN DIE „TIEFE DER ZEIT"

**D**ie Geschichte der Erde reicht weit zurück. So weit, dass wir uns mit unserem normalen Zeitbegriff keine genaue Vorstellung davon machen können. Wir messen unsere Zeit in Tagen, Wochen, Monaten und Jahren. Im Geschichtsunterricht lernen wir, was vor Hunderten, vielleicht sogar Tausenden von Jahren geschah. Unser Kalender reicht etwa 2000 Jahre zurück. Verglichen mit der Zeit, die seit der Entstehung der Erde vergangen ist, sind 2000 Jahre jedoch nur ein kurzer Augenblick. Um verstehen zu können, wie die Erde entstanden ist, müssen wir uns von unserem normalen Zeitverständnis lösen und in die „Tiefe der Zeit" vordringen, wo wir es nicht nur mit Millionen, sondern sogar mit Milliarden von Jahren zu tun haben.

Die letzten 600 Millionen Jahre sind in geologische Zeitabschnitte unterteilt worden. In der deutschen Geschichte wird die Zeit Kaiser Wilhelms II., der von 1888 bis 1918 regierte, als „Wilhelminisches Zeitalter" bezeichnet, und dementsprechend erhielten auch die geologischen Zeitabschnitte bestimmte Namen.

Die 60 Sekunden, die das erste Zifferblatt anzeigt, erscheinen auf dem zweiten als eine Minute. Die 60 Minuten vom zweiten Zifferblatt erscheinen auf dem dritten als eine Stunde, und so geht es weiter bis zum zehnten Zifferblatt.

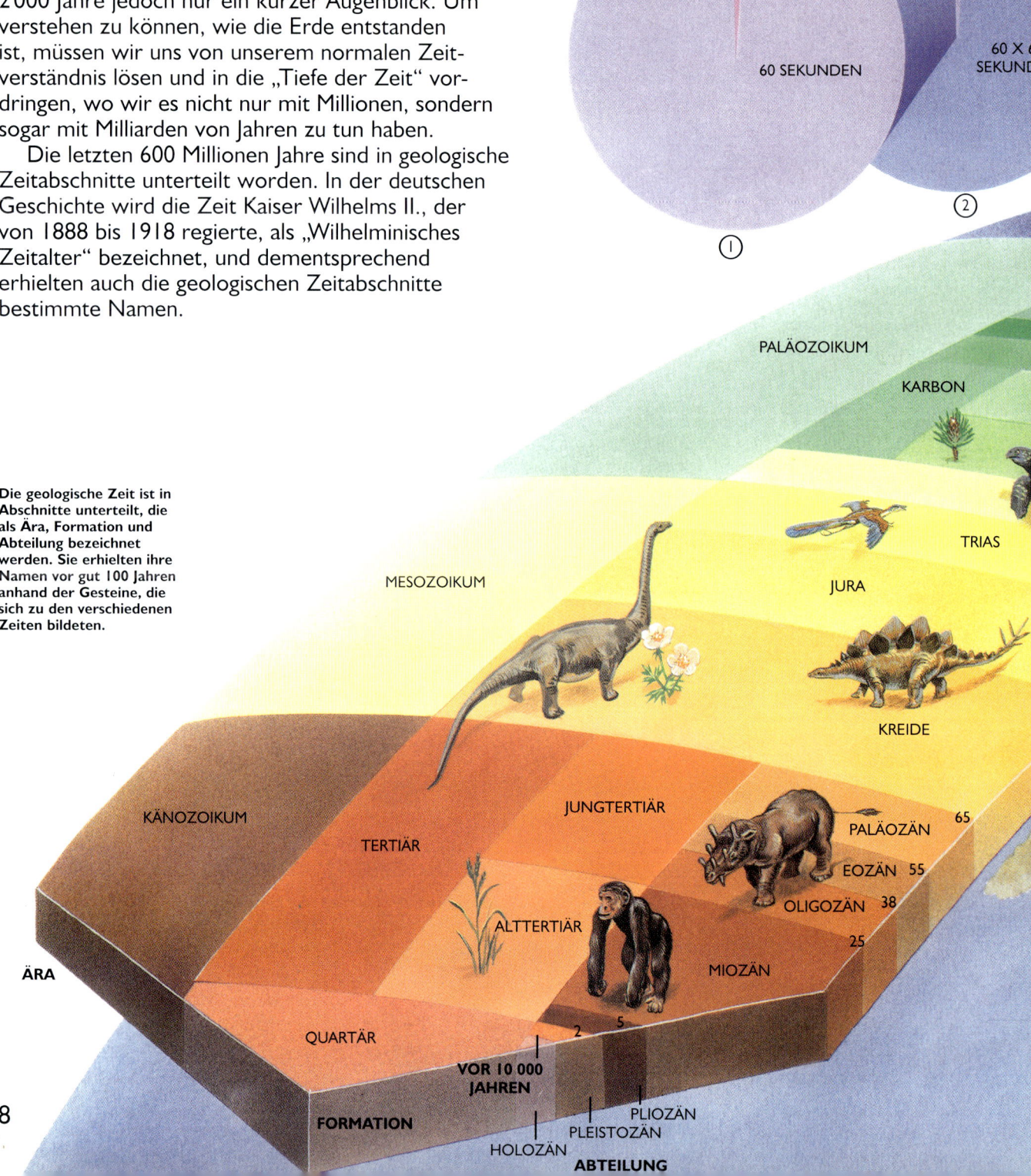

I MINUTE

60 SEKUNDEN

①

I STUNDE

60 X 60 SEKUNDE

②

**Die geologische Zeit ist in Abschnitte unterteilt, die als Ära, Formation und Abteilung bezeichnet werden. Sie erhielten ihre Namen vor gut 100 Jahren anhand der Gesteine, die sich zu den verschiedenen Zeiten bildeten.**

PALÄOZOIKUM

KARBON

TRIAS

JURA

MESOZOIKUM

KREIDE

KÄNOZOIKUM

TERTIÄR

JUNGTERTIÄR

PALÄOZÄN — 65

EOZÄN — 55

OLIGOZÄN — 38

ALTTERTIÄR

25

MIOZÄN

5

ÄRA

QUARTÄR

2

VOR 10 000 JAHREN

PLIOZÄN

PLEISTOZÄN

HOLOZÄN

FORMATION

ABTEILUNG

8

## Das Messen der „tiefen Zeit"

Stell dir eine Reihe von zehn Zifferblättern vor. Das erste von ihnen zeigt die Sekunden an, das zweite die Minuten. Jeder Zeiger muss sich sechzigmal drehen, bevor er auf dem nächsten Zifferblatt einmal herumgewandert ist. Um das Alter der Erde begreifen zu können, brauchen wir alle zehn Zifferblätter. Der zehnte Zeiger braucht für eine volle Umdrehung mehr als 19 000 Millionen Jahre, was ungefähr dem Alter des Universums entspricht und dem vierfachen Alter der Erde. Die Geschichte des Lebens begann vor ungefähr 3,5 Milliarden Jahren, doch eine Vielzahl von Lebensformen gibt es erst seit etwa 600 Millionen Jahren.

| | 150 TAGE | 25 JAHRE | 1 500 JAHRE | 90 000 JAHRE | 5,4 MILLIONEN JAHRE | 324 MILLIONEN JAHRE | 19 440 MILLIONEN JAHRE |

STUNDEN

60 X 60 MINUTEN (1 STUNDE)

60 X 60 STUNDEN

60 X 150 TAGE

60 X 25 JAHRE

60 X 1 500 JAHRE

60 X 90 000 JAHRE

60 X 5,4 MILLIONEN JAHRE

60 X 324 MILLIONEN JAHRE

③ ④ ⑤ ⑥ ⑦ ⑧ ⑨ ⑩

PRÄKAMBRIUM

KAMBRIUM

**VOR 600 MILLIONEN JAHREN**

SILUR

ORDOVIZIUM 505

DEVON 438

408

MISSISSIPPI 360

PENNSYLVANIA 320

PERM 286

248

213

4

Drei geologische Zeitabschnitte erhielten walisische Namen, weil die in ihnen entstandenen Gesteine zuerst in Wales erforscht wurden. Der Name Kambrium kommt von *Cambria*, dem lateinischen Namen für Wales; Ordovizium und Silur erhielten ihre Namen nach alten walisischen Volksstämmen, den Ordovicen und den Silurern.

Das Devon wurde nach der englischen Grafschaft Devon benannt, der Jura nach dem französischen Juragebirge und das Perm nach einer Provinz in Russland.

In Frankreich war man (fälschlicherweise) der Ansicht, die verschiedenen Gesteine wären auf der ganzen Erde gleichzeitig entstanden. Der Abschnitt der Erdgeschichte, in dem sich die Kohle bildete, erhielt den Namen Karbon (das französische Wort *charbon* bedeutet „Kohle").

IM LAUFE DER ZEIT WIRD AUS EINEM RIESIGEN RAUEN FELSBROCKEN EIN GLATTER KIESELSTEIN.

## Die „Tiefe der Zeit" verstehen

Wie können wir versuchen, die „Tiefe der Zeit" zu verstehen? Wenn Schnee schmilzt und verschwindet, wird eine ganze Landschaft durch den Verlust ihrer weißen Decke verändert. Nun stell dir vor, dass hohe Berge ebenso schmelzen und verschwinden wie Schnee. Kein Berg ist zu hoch, als dass er nicht im Laufe von Millionen von Jahren ins Meer gespült werden könnte; kein Küstenwasser zu tief, um nicht mit Unmengen von Gesteinsbröckchen gefüllt zu werden. Die Welt aus Stein, die so stark und dauerhaft aussieht, ist in Wirklichkeit ständigen Veränderungen unterworfen.

9

# DIE WELTKARTE VERÄNDERT SICH

## Kontinente in Bewegung

Die bemerkenswertesten Veränderungen auf der Erde wurden im Laufe von Millionen von Jahren durch Bewegungen der weiß glühenden Schicht im Innern des Planeten ausgelöst. Diese Bewegungen bewirken, dass sich große Teile der Erdkruste, die als Platten bezeichnet werden, mit einer Geschwindigkeit von wenigen Zentimetern pro Jahr verschieben. Die Kontinente treiben wie Flöße auf dem heißen zähflüssigen Gestein im Erdinnern. Die Platten bewegen sich zumeist ruckweise, und die meisten Erdbeben gibt es dort, wo die Kanten der Platten zusammenstoßen. In den letzten 160 Millionen Jahren haben sich die Kontinente voneinander entfernt wie Blütenblätter, wenn sie sich öffnen. Eine Reihe von tiefen Rissen hat sich allmählich verbreitet und so den Atlantischen Ozean entstehen lassen, während das Auseinanderdriften der südlichen Kontinente Platz schuf für den Indischen Ozean. Um die gleiche Zeit verschwand ein anderer Ozean, das Tethysmeer, das einst Afrika und Indien von Asien trennte, wieder im Innern der Erde.

Landkarten an Wänden, im Fernsehen, in Büchern und Zeitungen sehen aus, als wären sie unveränderlich. Doch auf der Erde ist nichts von Dauer: Überall wird Land von Flüssen und vom Meer abgetragen. Erdbeben lassen ganze Landstriche einsinken, und Vulkanausbrüche verwüsten riesige Flächen. Es entsteht aber auch neues Land: neue Sandbänke und Flussdeltas, neue Inseln und Berge. Sogar die Kontinente sind ständig in Bewegung. Der gewaltige Atlantische Ozean wird Jahr für Jahr ein paar Zentimeter größer – ungefähr in demselben Tempo, in dem Fingernägel wachsen. Vor hundert Millionen Jahren konnten die Dinosaurier auf festem Land von London nach New York spazieren.

Vor fast 3 000 Jahren soll die Stadt Atlantis im Meer versunken sein. Es wurde jedoch nie ein Beweis dafür gefunden, dass es diese Inselstadt je gab. Manche Leute glauben, dass sich die Geschichte vom Untergang von Atlantis auf das Ende der minoischen Kultur bezieht, die einst auf der Insel Kreta im östlichen Mittelmeer existierte.

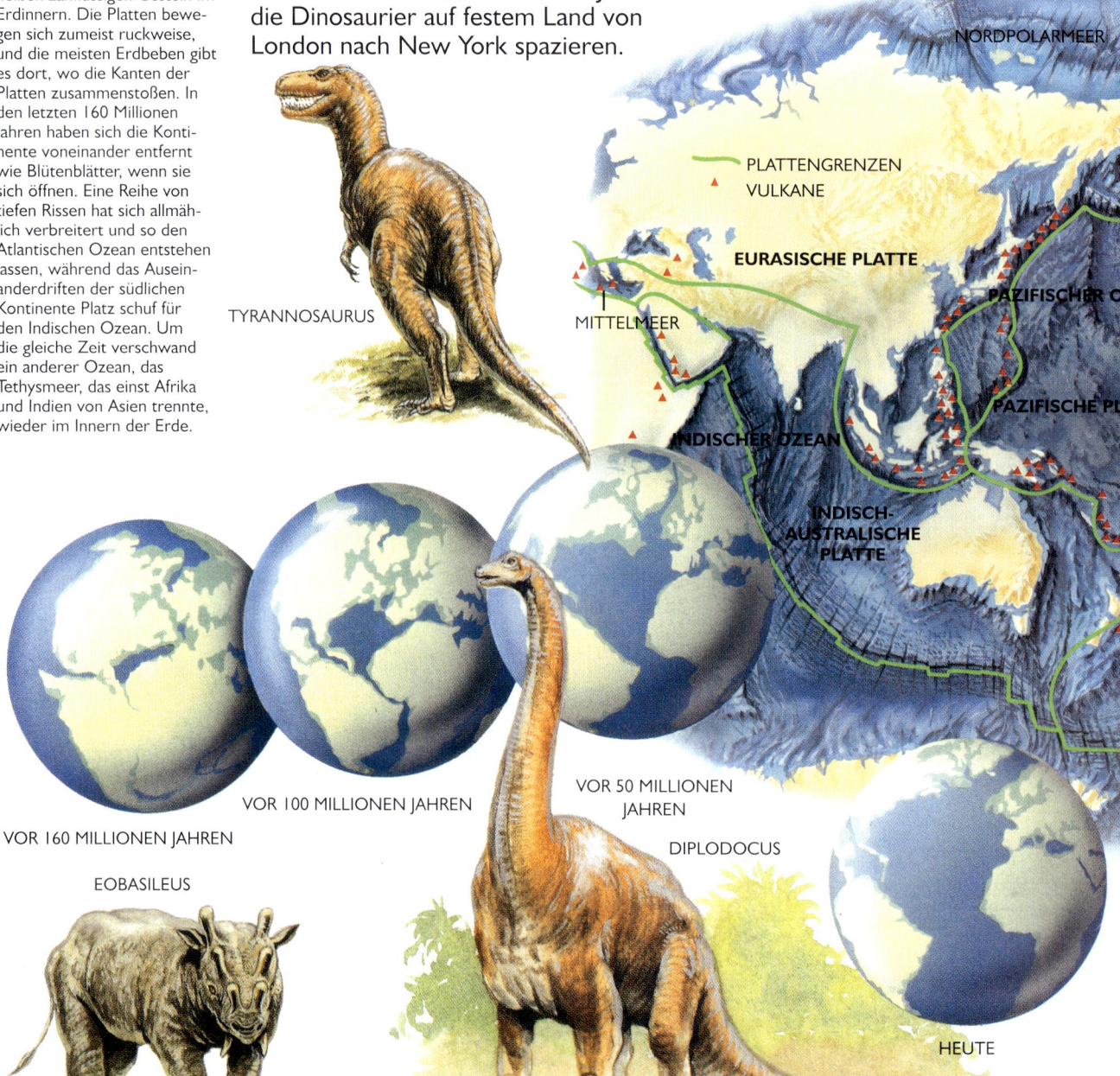

TYRANNOSAURUS

NORDPOLARMEER

PLATTENGRENZEN
VULKANE

EURASISCHE PLATTE

MITTELMEER

PAZIFISCHER OZE

INDISCHER OZEAN

PAZIFISCHE PLAT

INDISCH-AUSTRALISCHE PLATTE

VOR 100 MILLIONEN JAHREN

VOR 50 MILLIONEN JAHREN

VOR 160 MILLIONEN JAHREN

DIPLODOCUS

EOBASILEUS

HEUTE

Vor siebentausend Jahren, als im Mittleren Osten die ersten Städte entstanden, stieg der Meeresspiegel ständig an. Für die damaligen Menschen war das vermutlich ganz normal: im Laufe von 7 000 Jahren war der Meeresspiegel um mehr als 100 Meter gestiegen, mit einer Geschwindigkeit von fünf Zentimetern pro Jahr. Die Ozeane füllten sich mit dem Wasser von den gewaltigen Gletschern, die einst ganz Nordeuropa und den Norden von Nordamerika bedeckt hatten und nun abschmolzen. Große Flächen wie zum Beispiel die Landbrücken zwischen Nordamerika und Asien oder Großbritannien und dem europäischen Festland verschwanden unter Wasser.

## Zerstörung und Erschaffung

Vulkanausbrüche wie der, der 1883 die indonesische Insel Krakatau zerstörte, gehören zu den verheerendsten Vorgängen auf der Erde. Aber Vulkane schaffen auch neues Land. 1963 erhob sich südwestlich von Island eine neue Insel aus dem Atlantik. Sie erhielt den Namen Surtsey. Aus dem Erdinnern sprudelte geschmolzenes Gestein in weiß glühenden Fontänen hervor. Im Laufe von 18 Monaten erreichte Surtsey eine Höhe von 200 Metern und eine Länge von mehr als einem Kilometer.

**NORDAMERIKANISCHE PLATTE**

ATLANTISCHER OZEAN

**AFRIKANISCHE PLATTE**

**OSTPAZIFISCHE PLATTE**

**SÜDAMERIKANISCHE PLATTE**

SÜDPOLARMEER

## Die Weltkarte

Rings um den Pazifischen Ozean schieben sich die Kontinente ins Meer vor. Der Atlantische Ozean dagegen wird ständig größer. Von Spanien nach China erstreckt sich eine Kette von Gebirgen, die immer höher wird, weil die Landmassen im Süden immer mehr Druck auf Asien ausüben.

BLAUWAL

## Leben auf der Erde

Die Verschiebung der Kontinente und das Steigen oder Sinken des Meeresspiegels hat Pflanzen und Tiere immer wieder gezwungen, sich neuen Lebensbedingungen anzupassen. Mit den sich bewegenden Kontinenten wurden Pflanzen- und Tierbestände allmählich Tausende von Kilometern weit voneinander getrennt. Zu der Zeit, als es nur den Riesenkontinent Pangäa gab, beherrschten die Dinosaurier die gesamte Erde, von den Polen bis zum Äquator. Später entwickelten sich die Tiere, die in Australien oder Südamerika lebten, ganz anders als die in Nordamerika oder Europa. Die größten heute lebenden Tiere, die Wale, sind Meeresbewohner.

11

# DIE GEBURT DER ERDE

HEUTE
100
200
300
400
500
600

VOR 600–420 MILLIONEN JAHREN

**D**ie Erde entstand vor 4,6 Milliarden Jahren, zur gleichen Zeit wie die anderen Planeten, steinigen Asteroiden und eisigen Kometen, die zusammen mit der Sonne unser Sonnensystem bilden. Jeder einzelne Bestandteil unseres Sonnensystems, selbst die Pflanzen und Tiere auf der Erde, entstand aus den Überresten eines explodierten Sterns. Sämtliche Planeten und ihre Monde bildeten sich aus der herumwirbelnden Wolke aus Gasen und Staub. Ein Großteil dieser Materie ballte sich zur Sonne zusammen, doch an den äußeren Rändern entstanden Ringe und später große Massen aus Gestein und Gasen: die Planeten.

Die inneren Planeten – Merkur, Venus, Erde und Mars – haben nur eine dünne Atmosphäre, weil die starke Strahlung der Sonne die Gase zerstörte. Die weiter von der Sonne entfernten riesigen äußeren Planeten Jupiter, Saturn und Neptun bestehen überwiegend aus Gasen. Unser Mond trennte sich schon bald nach der Entstehung der Planeten von der Erde; seine Oberfläche ist mit riesigen Kratern übersät, die Milliarden Jahre alt sind und durch Zusammenstöße mit Asteroiden entstanden. Auch die Erde war einst mit ähnlichen Narben bedeckt, doch inzwischen sind sie fast alle verheilt.

EIN UNFRUCHTBARER, LEBENSFEINDLICHER PLANET

WOLKEN AUS STAUB UND GASEN

## Vom Chaos zum Leben

Nachdem die Erde ihre erste Atmosphäre verloren hatte, wurde sie zu einem unfruchtbaren, lebensfeindlichen Planeten, der von der Sonne versengt wurde und auf dem unzählige Vulkane tätig waren. Doch das von diesen Vulkanen ausgestoßene Gas sorgte für die Entstehung einer neuen Atmosphäre, die viel Stickstoff, Kohlendioxid und Wasserdampf enthielt. Diese Atmosphäre hielt die Erdoberfläche warm. Eines Tages regnete es zum ersten Mal, und das Regenwasser war sehr sauer. Wenig später wurden aus Flüssen Seen, aus Seen Meere und aus dèn Meeren Ozeane. Ein Teil dieses Wassers stammt möglicherweise sogar von Kometen, schmutzigen

Schneebällen im Weltraum. Die Erde war so weit von der Sonne entfernt, dass das Wasser nicht sofort verdampfte, ihr aber auch nahe genug, um nicht zu einem Eisblock zu erstarren. Aus der Erde war der Wasserplanet geworden: ein strahlend blauer Edelstein im Sonnensystem. Aus diesem Wasser entstand alles Leben.

## Der Ursprung des Lebens

Wie die ersten Lebensformen entstanden, wird wohl immer das größte Geheimnis in der Geschichte der Erde bleiben. Erste Anzeichen von Leben gab es bereits vor etwa 4 Milliarden Jahren. Diese primitiven Lebensformen waren winzig klein und bestanden einfach aus ein paar chemischen Verbindungen, die kettenförmig angeordnet waren und

imstande waren, sich zu vermehren. Vielleicht lebten sie in Pfützen aus kochendem Schlamm und Wasser am Fuße der Vulkane, denn dort findet man noch heute primitive einzellige Lebewesen, die wir Bakterien nennen.

Bekannt ist, dass alles Leben auf der Erde denselben Ursprung hat, denn tief im Innern jeder pflanzlichen und tierischen Zelle befindet sich

derselbe Code: eine immer gleich bleibende Anordnung von chemischen Stoffen, die für das Wachstum jeder Pflanze und jedes Tieres sorgt (*siehe Seite 15*).

(*siehe Seite 15*)

DIE ERSTEN REGENFÄLLE

Bakterien nutzen die Energie des Sonnenlichts, um die sie umgebenden Chemikalien in Nahrung umzuwandeln. Sie leben in vulkanischen Gewässern, weil Vulkane große Mengen Schwefelwasserstoff ausstoßen, dem die Bakterien den Wasserstoff entziehen.

METEORIT

MONDGESTEIN

STROMATOLITHEN

## Alte Steine

Die ältesten Steine fallen vom Himmel. Manche Meteoriten sind Bruchstücke eines explodierten Planeten, der einst zwischen Mars und Jupiter lag, andere sind Überbleibsel der ursprünglichen Materie, aus der das Sonnensystem entstand. Das älteste Gestein vom Mond ist etwas jünger (4,35 Milliarden Jahre alt) und das von der Erdoberfläche ist noch jünger (3,8 Milliarden Jahre alt).

### Die ältesten Fossilien

Irgendwann entwickelte eine der vielen Arten von primitiven Bakterien die Fähigkeit, dem Wasser Wasserstoff zu entnehmen – ein Vorgang, der als Fotosynthese bezeichnet

wird. Diese Blaualgen oder *Cyanophyten*, die nun nicht mehr an vulkanische Gewässer gebunden waren, siedelten sich daraufhin in Teichen, Flüssen und dem Meer an. Wenn sie in ihrem neuen Lebensraum kalkhaltiges Wasser vorfanden, entzogen sie dem Kalk das Wasser und ließen harte Schollen zurück, die sich zu kissenförmigen Klumpen, den so genannten *Stromatolithen*, verdickten. *Stromatolithen* gehören zu den ältesten Fossilien, die wir kennen – sie sind 2,8 Milliarden Jahre alt. In stark salzhaltigen Lagunen in Australien und Indonesien bilden sie sich noch heute. Während die Blaualgen dem Wasser Wasserstoff entzogen, setzten sie riesige Mengen von Sauerstoff frei. Die Algen vermehrten sich schließlich so stark, dass sie allmählich die Erdatmosphäre veränderten. Sie sorgten dafür, dass der Sauerstoffgehalt schließlich auf ein Fünftel sämtlicher Bestandteile der Atmosphäre anstieg.

# EVOLUTION

Kinder gleichen ihren Eltern nie vollständig. Sie sehen immer ein wenig anders aus, werden zum Beispiel größer oder haben helleres Haar. Alle Lebewesen unterscheiden sich geringfügig voneinander.

Bei allen Lebensformen, außer den primitivsten, stammen die Anweisungen für das Heranwachsen, also der „genetische Code", von beiden Elternteilen. Die Codes eines Bruders und einer Schwester sind zwar beide Mischungen aus den Codes von Vater und Mutter, doch die Mischung fällt immer etwas unterschiedlich aus. Es gibt so viele Möglichkeiten, dass der Code jedes Lebewesens einmalig ist.

Der genetische Code ist so lang und kompliziert, dass manchmal auch von selbst kleine Änderungen eintreten. Oft verschlechtern solche Änderungen die Überlebenschancen eines Tieres, doch manchmal können solche Fehler einem Tier auch nützen. Kiefer, Ohren, Flossen, Hände und vielleicht sogar die Augen haben sich vermutlich erst durch solche zufälligen Irrtümer im genetischen Code entwickelt.

Dieser Vorgang der Veränderung, der sich über viele Generationen hinzieht, wird als Evolution bezeichnet. Den Beweis für die Evolution liefert die Tatsache, dass sich die genetischen Codes aller Lebensformen auf der Erde sehr ähnlich sind.

### Größer oder kleiner

Die Evolution findet statt, weil Lebewesen mit bestimmten Merkmalen unter bestimmten Bedingungen die besten Überlebenschancen haben. Stell dir zum Beispiel ein Land vor, in dem nur auf den Bäumen Futter zu finden ist – dort entwickeln sich Tiere mit langem Hals wie die Giraffen, die von Generation zu Generation größer werden. Oder stell dir ein Tier vor, das sich vor Eulen und Katzen in Sicherheit bringen muss, und du verstehst, warum die Mäuse so klein geblieben sind. Alle Tiere sind einem Leben in ihrer jeweiligen Umgebung perfekt angepasst, doch wenn sich ihre Lebensbedingungen ändern, sind sie gezwungen, sich gleichfalls zu ändern.

### Der gemeinsame Vorfahr

Obwohl sich alle genetischen Codes voneinander unterscheiden, haben sie doch auch vieles miteinander gemeinsam. Die Codes von einem Menschen und einem Schimpansen sind sich ähnlicher als die eines Menschen und einer Katze und wesentlich ähnlicher als die eines Menschen und einer Schlange. Je größer die Ähnlichkeit zwischen den genetischen Codes von zwei Tierarten ist, desto kürzere Zeit ist es her, dass sie einen gemeinsamen Vorfahren hatten.

Manche äußerlichen Merkmale oder Verhaltensweisen können einem Tier helfen, lange genug zu überleben, um Nachwuchs hervorzubringen und aufzuziehen. Die Gene erfolgreicher Tiere verbreiten sich deshalb stärker als die derjenigen Tiere, die nicht lange genug überlebten, um sich fortpflanzen zu können.

TYRANNOSAURUS FÄLLT DEN VORFAHREN VON TRICERATOPS AN

TRICERATOPS ENTWICKELT EINEN BESSEREN SCHUTZ

DER GEMEINSAME VORFAHR

SCHLANGE   KATZE   AFFE   MENSCH

Die Vorfahren von *Triceratops* waren eine leichte Beute für den schrecklichen *Tyrannosaurus*. Im Laufe vieler Generationen entwickelten sich jedoch größere Tiere mit längeren und schärferen Hörnern, die bessere Überlebenschancen hatten. Schließlich war *Triceratops* in der Lage, sich gegen seine Feinde erfolgreich zur Wehr zu setzen.

Es kann schwierig sein, den Baum des Lebens in allen Einzelheiten zurückzuverfolgen, denn viele der Bindeglieder zwischen den verschiedenen Arten sind mittlerweile ausgestorben, das heißt, es gibt keine lebenden Angehörigen ihrer Art mehr. Hier spielen Fossilien eine wichtige Rolle, denn sie geben uns Hinweise auf ausgestorbene Tiere und liefern manchmal die fehlenden Bindeglieder in der Entwicklung der verschiedenen Arten.

Einst sahen die Menschen in der Evolution nur eine Art Kampf; eine Welt, in der die Starken immer siegten und die Schwachen immer zugrunde gingen. Der Kampf ist jedoch nur ein Teil der Evolution, denn das genaue Gegenteil – die gegenseitige Hilfe – ist ebenso wichtig. Kinder sind auf ihre Mutter angewiesen, kranke Tiere auf gesunde und alte auf junge. Viele Tiere leben genau wie die Menschen in Gesellschaften, in denen Gesundheit und Überleben des Einzelnen von der Gemeinschaft abhängen.

Tiere, die einander helfen, haben eine bessere Chance, ihre Gene weiterzugeben, als diejenigen, die nicht füreinander sorgen. Tiere, die in Gesellschaften leben und einander helfen, sind oft eng verwandt, das heißt, sie haben ähnliche Gene. Gegenseitige Hilfe ermöglicht es, mehr Junge aufzuziehen, was wiederum sicherstellt, dass die Gene in der nächsten Generation erneut an viele Nachkommen weitergegeben werden.

Zu den geselligsten Tierarten gehören die Insekten, wie zum Beispiel Ameisen oder Bienen. Eine ganze Kolonie von Arbeiterinnen setzt ihre ganze Kraft und notfalls auch das Leben dafür ein, die Königin und ihre Eier zu beschützen.

DNS

### Das Buch des Lebens

Im Innern jeder Zelle findet sich ein gedrehter Strang aus Millionen von einfachen chemischen Molekülen, so genannten DNS. Die DNS bildet ein hoch kompliziertes „Buch" voller Anweisungen: den genetischen Code. Die einzelnen Gene könnte man mit den Sätzen der Anweisungen vergleichen, die den Zellen vorschreiben, wie sie wachsen sollen oder wie sie sich zusammenfügen müssen, damit eine Pflanze oder ein Tier entsteht.

TRICERATOPS SETZT SICH GEGEN TYRANNOSAURUS ZUR WEHR

L ange Zeit waren die Wissenschaftler der Ansicht, dass die ersten Lebensformen auf der Erde vor etwa 550 Millionen Jahren erschienen. In Steinen, die sich in den flachen Meeren jener Zeit gebildet hatten, fand man die Überreste von Lebewesen. Doch andere Steine, die nur ein paar Millionen Jahre älter waren, enthielten auf den ersten Blick keine solchen Überreste. Inzwischen wissen wir jedoch, dass es schon 3 Milliarden Jahre zuvor Lebewesen gegeben hat. Was wir in den Gesteinen finden, ist nur der Beweis dafür, dass es den Tieren irgendwann gelungen ist, aus den im Wasser gelösten Chemikalien einen harten Panzer zu bilden. Diese harten Teile blieben erhalten, wenn die Tiere starben, und diese „Fossilien" sind es, die wir heute in den Gesteinen finden.

## Der Burgess-Schiefer

D em Abrutschen großer Mengen Schlamm in eine flache Lagune vor rund 520 Millionen Jahren ist es zu verdanken, dass in der Schieferschicht des Burgess-Passes zahlreiche Tiere mit weichem Körper versteinerten, was überaus selten vorkommt. Im Allgemeinen liefern Fossilien ein sehr einseitiges Bild von den frühen Lebensformen: Wir wissen eine Menge über Tiere mit harten Schalen und Knochen, aber fast nichts über die Weichtiere. Im Burgess-Schiefer sind jedoch Überreste praktisch aller Tiere erhalten geblieben, die zu jener Zeit, in der die Artenvielfalt gerade einen Höhepunkt erreicht hatte, im Wasser lebten. Manche dieser Tiere kommen uns relativ bekannt vor, unter ihnen die Schwämme, Trilobiten, Würmer, Seeigel und

### Quallen und Seefedern

Aus den Eiern der Quallen gehen kleine, knospenähnliche Wesen hervor, die sich auf dem Meeresboden festheften und Polypen genannt werden. In anderen Fällen heften sich die Polypen an Felsen und werden zu Seeanemonen oder den blattartigen Seefedern. Andere Polypen schließen sich zu Kolonien zusammen und bilden fantastische Korallen-Kunstwerke, die aussehen wie

FOSSIL EINER QUALLE

FOSSIL EINER SEEFEDER

Zweige, Geweihe oder Orgelpfeifen. Auf den Gipfeln versunkener Vulkane bilden sie Türme, die höher sind als Wolkenkratzer.

SCHWAMMFOSSILIEN

ECHMATOCRINUS

SCHWAMM: VAUXIA

SCHWA PIRAN

SELKIRKIA

PERONOCHAE

HALLUCIGENIA

SCHWAMM: CHANCELLORIA

Muscheln. Andere dagegen sehen aus, als stammten sie aus einem Zukunftsroman, und es gibt heute nichts mehr, was auch nur eine entfernte Ähnlichkeit mit ihnen hat.

Zu diesen seltsamen Wesen gehört zum Beispiel *Opabinia*. Dieses Tier hatte einen zehn Zentimeter langen, mit Lappen bedeckten Körper, einen großen fächerförmigen Schwanz, einen Kopf mit fünf Augen und Zähne, die am Ende eines biegsamen Halses saßen. *Wiwaxia* ähnelte einer Schnecke, war aber mit Stacheln und Schuppen bedeckt. Die erstaunlichste Art war *Hallucigenia*, ein Geschöpf, das sich offenbar auf sieben Paar dünner, stelzenartiger Beine fortbewegte und seine Beute mit sieben Fortsätzen ergriff, an deren Enden Scheren saßen wie bei einem Krebs.

1909 machte der amerikanische Naturforscher Charles Doolittle Walcott in den kanadischen Rocky Mountains eine Aufsehen erregende Entdeckung. Auf einer Wanderung über den Burgess-Pass stieß er auf mehr als 520 Millionen Jahre altes Gestein, das aus verhärtetem Schlamm entstanden war und eine Fülle von Fossilien enthielt. Im Laufe der nächsten Jahre fand er dort Tausende von Fossilien.

Vor etwa 1,2 Milliarden Jahren verschmolzen einige der primitivsten Lebensformen zu einer einzigen Zelle. Solche einzelligen Lebewesen werden Protisten genannt. Diese Zelle enthielt einen Teil, der Sauerstoff verbrennen und Energie erzeugen konnte, und einen anderen, der einen beweglichen Schwanz hervorbrachte. Vor 1 000 bis 800 Millionen Jahren schlossen sich diese winzigen Einzeller zu Gruppen zusammen und umgaben sich mit einem zähen, nachgiebigen Material, das wir Schwamm nennen. Im nächsten Evolutionsstadium wurden aus diesen einzelnen Zellen größere, mehrzellige Körper, und die verschiedenen Teile dieser Körper übernahmen unterschiedliche Aufgaben. Zu den ersten dieser mehrzelligen Lebewesen gehörten die Quallen. Sie besitzen ein primitives Nervensystem, Zellen, die sich strecken können wie Muskeln, und andere, die Gift ausscheiden.

## Schutzmaßnahmen

**A**lgen und Schwämme waren die ersten Lebensformen, die in der Lage waren, Gestein zu ihrem Schutz zu verwenden. Die Gebilde, die sie errichteten, waren noch sehr roh und Zufallsprodukte, und die Tiere konnten erst richtig mit ihrem Baumaterial umgehen, als sie gelernt hatten, wie sie die Kristalle des Kalksteins anordnen mussten. Das war ein großer Durchbruch in der nie endenden Evolution des Lebens. Tiere, die sich in einem Panzer oder einer Schale verstecken konnten, waren so gut geschützt wie Soldaten in einer Burg. Ihre Feinde mussten größer, schneller, stärker oder schlauer werden, um weiterhin an sie heranzukommen. Das wiederum hatte zur Folge, dass sich die Beutetiere noch besser schützten, und so ist die Evolution immer weitergegangen. Natürlich ist ein Panzer nicht die einzige Form des Schutzes. Die erfolgreichsten Tierarten haben immer in erster Linie von ihrer Intelligenz Gebrauch gemacht, um sich vor ihren Feinden in Sicherheit zu bringen.

*Wiwaxia* und *Hallucigenia* sind zwei der seltsamen Lebewesen, deren Fossilien im Burgess-Schiefer erhalten geblieben sind.

SEEANEMONE: MACKENZIA

TRILOBIT

OPABINIA

MUSCHELN

LOUISELLA

OTTOIA

WIWAXIA-FOSSIL

HALLUCIGENIA-FOSSIL

# AUFZEICHNUNGEN IN STEIN

## Spuren-Fossilien

Spuren-Fossilien sind keine Überreste der Tiere selbst, sondern Hinweise darauf, wie sie gelebt haben. Die häufigsten Spuren-Fossilien sind die Bohrgänge von Würmern und Weichtieren,

SPUREN-FOSSIL

die im Sand und Schlamm des Meeresbodens entstanden. Manche dieser Spuren stammen vielleicht von Würmern, die Sand und Schlamm aufnahmen, um Nahrung herauszufiltern. Andere Spuren-Fossilien sind die Abdrücke sich bewegender Tiere – in der Regel Kriechspuren.

**W**ir wüssten fast nichts über die Geschichte des Lebens auf der Erde, wenn es keine Fossilien gäbe – die Spuren längst vergangener Lebensformen, die in Gestein erhalten blieben. Die meisten Muscheln, die am Strand liegen, werden im Laufe der Zeit von der Flut weggespült oder von einem Windstoß fortgetrieben. Diese Muscheln können jedoch auch zu Fossilien werden, wenn sie plötzlich unter einer dicken Schicht Asche aus einem Vulkan oder einer vom Meer herangetragenen Schlammschicht begraben werden. Viele Fossilien existieren nur, weil plötzliche und einschneidende Umweltveränderungen die idealen Bedingungen geschaffen und Tiere und Pflanzen verschüttet haben. Fossilien liefern gewissermaßen Schnappschüsse des Lebens, und die Wissenschaftler versichern, mit ihrer Hilfe die lange und komplizierte Geschichte der Entwicklung des Lebens auf der Erde zu schreiben.

## Wie entsteht ein Fossil?

Die weitaus häufigsten Fossilien sind die harten Teile von Tieren: Muschelschalen, Korallenskelette, Tierknochen, Haizähne oder der Panzer eines Trilobiten. Tiere, die im Meer leben, werden wesentlich häufiger zu Fossilien als Landbewohner, denn auf dem Land wird die Erdoberfläche ständig abgetragen. Fossilien von Knochen oder Panzern werden oft platt gedrückt, wenn sich über ihnen große

**1. Das tote Tier sinkt in den weichen Sand und Schlamm des Meeresbodens.**

**2. Das Fleisch ist verwest, doch die knöchernen Teile sind noch vorhanden. Allmählich ersetzen Mineralien aus dem Schlamm das Knochengewebe.**

## Weitere Spuren-Fossilien

Dass im Herbst ein Blatt in den Schlamm eines Teichs fällt, ist nichts Ungewöhnliches. Allerdings werden nur sehr wenige von diesen Blattabdrücken zu Fossilien. Zu den interessantesten Spuren-Fossilien gehören die Fußabdrücke von Tieren auf einstigen Stränden oder Flussbetten. Manchmal kann man sogar erkennen, wo ein Tier die Spur eines anderen gekreuzt hat oder dass ein Tier von einem anderen gejagt wurde.

EIN BLATTFOSSIL IN KOHLE

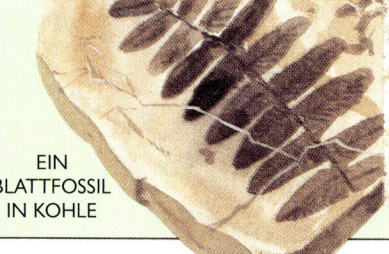

FUSSABDRÜCKE VON DINOSAURIERN

IN BERNSTEIN EINGESCHLOSSENES INSEKT

Mengen von Sand oder Erde ablagern. Ihre ursprüngliche Form behalten Fossilien nur, wenn die Knochen oder andere harte Teile schon bald nach dem Verenden des Tieres von den Mineralien aus dem Meer oder dem Boden durchdrungen und gehärtet werden. Nach Millionen von Jahren können die versteinerten Knochen einer urzeitlichen Fischechse schließlich hoch im Gestein einer Felswand zum Vorschein kommen.

Die Weichteile eines toten Tieres verwesen in der Regel schnell, sodass nur die Knochen und Zähne zu Fossilien werden können. Hin und wieder kommt es jedoch vor, dass die Weichteile mit versteinern. Es gibt sogar einige wenige Fossilien von Tieren, die überhaupt keine harten Teile haben, wie Würmer und Quallen (*siehe Seiten 16–17*). Wenn die Weichteile erhalten geblieben sind, ist dies fast immer die Folge einer plötzlichen Katastrophe, zum Beispiel eines Unterwasser-Erdrutsches oder eines Vulkanausbruchs, bei der Tiere und Pflanzen unter einer dicken Schicht von feinem Schlamm begraben wurden. Von etlichen großen Säugetieren blieben die Weichteile erhalten, weil sie in ein Torfmoor oder eine Teergrube gefallen waren.

### Die jüngsten Fossilien

Einige Tausend Jahre alte Fossilien von Menschen wurden in den Torfmooren Nordeuropas entdeckt. Ihre Haut ähnelt gegerbtem Leder. Die jüngsten aller Fossilien sind in den Korallenriffen des Pazifischen Ozeans entstanden, wo die Korallen neue Riffe um die Skelette von im Zweiten Weltkrieg gefallenen Soldaten, gesunkene Schiffe und sogar Colaflaschen errichtet haben.

MOORLEICHE

3. Aus dem einstigen Meer ist ein Sumpfgebiet geworden. Das Fossil liegt tief unter der Erdoberfläche.

4. Die See trägt das neue Land ab, sodass eine Steilküste entsteht.

5. 300 Millionen Jahre nach dem Tod des Tieres kommt das Fossil im Gestein der Steilküste wieder zum Vorschein.

FOSSILIEN IN STEIN

TIEFGEFRORENES JUNGES MAMMUT

### Gut erhaltene Fossilien

Winzige Insekten, die vor Millionen von Jahren lebten, sind manchmal in Tropfen von klebrigem Baumharz (dem Bernstein) eingeschlossen und oft tadellos erhalten. Im Dauerfrostboden im Norden Asiens kamen Tiere der Eiszeit zum Vorschein, die Tausende von Jahren tiefgefroren waren. Wissenschaftler graben dort manchmal noch Tiere wie das längst ausgestorbene Mammut aus.

Zu den hübschesten Gehäusen gehören zweifellos die der Ammoniten. Die ersten dieser flachen, spiralförmigen Gebilde entstanden vor etwa 500 Millionen Jahren. Die Ammoniten lebten im Wasser, und manche von ihnen hatten sogar einen Kiel und wurden möglicherweise vom Wind getrieben. Einige von ihnen waren so groß wie Wagenräder. Vor 200 Millionen Jahren gab es so viele, dass einige Gesteine, die damals zum Meeresboden gehörten, nur aus Ammoniten bestehen.

Die Tiere, die vor 550 bis 500 Millionen Jahren im Meer lebten, lassen sich in drei Gruppen einteilen: Lebewesen, die in einer Schale lebten, die die Form eines fünfzackigen Sterns hatten oder, deren Körper gegliedert war. Diese drei Gruppen unterschieden sich stark voneinander und könnten der Beweis dafür sein, dass die Entwicklung mehrzelliger Tiere, die Hunderte von Millionen Jahren zuvor begonnen hatte, bereits unterschiedliche Wege eingeschlagen hatte. Auf jeden Fall waren alle drei Formen einem Leben im Meer hervorragend angepasst, und jede von ihnen entwickelte eine Fülle von Arten, die noch heute einen großen Teil der Tierwelt ausmachen.

TRILOBITEN

## Die Trilobiten

Tiere, deren Körper in verschiedene Abschnitte unterteilt war, erwiesen sich als die erfolgreichste der drei Gruppen. Der gegliederte Körper konnte eine ganze Reihe von Beinen, Krallen oder Fühlern haben, und die verschiedenen Körperteile waren für verschiedene Funktionen und Bewegungen zuständig. Die ersten Tiere mit diesen Neuerungen waren die Trilobiten, Lebewesen, die aussahen wie riesige Asseln. Vor 500 bis 400 Millionen Jahren huschten sie über den Meeresboden, paddelten im Wasser herum oder trieben mit der Unterseite nach oben an der Oberfläche. Trilobiten waren auch die ersten Tiere, die sich ein genaues Bild von ihrer Welt machen konnten, denn sie hatten gut entwickelte Augen.
Eine andere Gruppe von Tieren mit gegliedertem

Der gegliederte Körper erlaubte es dem Trilobiten, sich bei Gefahr zusammenzurollen.

Körper, die sich etwa zur gleichen Zeit entwickelten wie die Trilobiten, waren die Krebstiere, zu denen Krabben, Hummer, Langusten, Garnelen und Panzerkrebse gehören.

TRILOBITEN-AUGE

## Gehäuse in jeder Form

Schalen, wie zum Beispiel die von Muscheln, verbinden Einfachheit mit Schönheit. Ohne fremde Hilfe oder irgendwelche Vorbilder werden sie von Zellen gebildet, die Kalk ausscheiden, sobald sich das Tier in ihrem Innern vergrößert. Das Tier in der Schale ist von dem Augenblick an, an dem es sich zum ersten Mal auf dem Meeresboden niederlässt, bis zum Ende seines Lebens gut geschützt.
Die ersten Schalen bildeten primitive Armfüßer, die sich im Sand eingruben. Einige der ältesten dieser mit Schalen ausgerüsteten Tiere, die *Lingulella*, haben sich seither kaum verändert und sind noch heute im Meer anzutreffen (sie heißen *Lingula*). Zweiteilige Schalen findet man gewöhnlich bei Tieren, die sich mit ihrem starken Fuß am Meeresboden festklammern, während sich Weichtiere mit nur einer

Schale frei bewegen können. Irgendwann eroberten Verwandte dieser Meeresbewohner das Land; manche, wie zum Beispiel die Weinbergschnecke, behielten ihr Haus, während andere, die so genannten Nacktschnecken, sich dieses Schutzes entledigten.

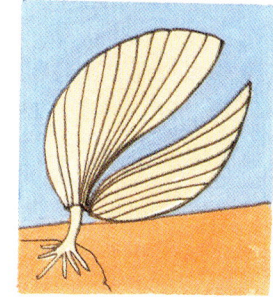

ARMFÜSSER HEFTEN SICH AM MEERESBODEN FEST

## Leben in den Ozeane

Die Tiere in Form eines fünfzackigen Sterns waren nie so beweglich wie der Kalmar oder der Krake. Seesterne und Seeigel sind die am häufigsten vorkommenden lebenden Nachfahren und unterscheiden sich kaum von ihren Verwandten, die vor 500 Millionen Jahren lebten. Die Seesterne können sich

KORALLEN

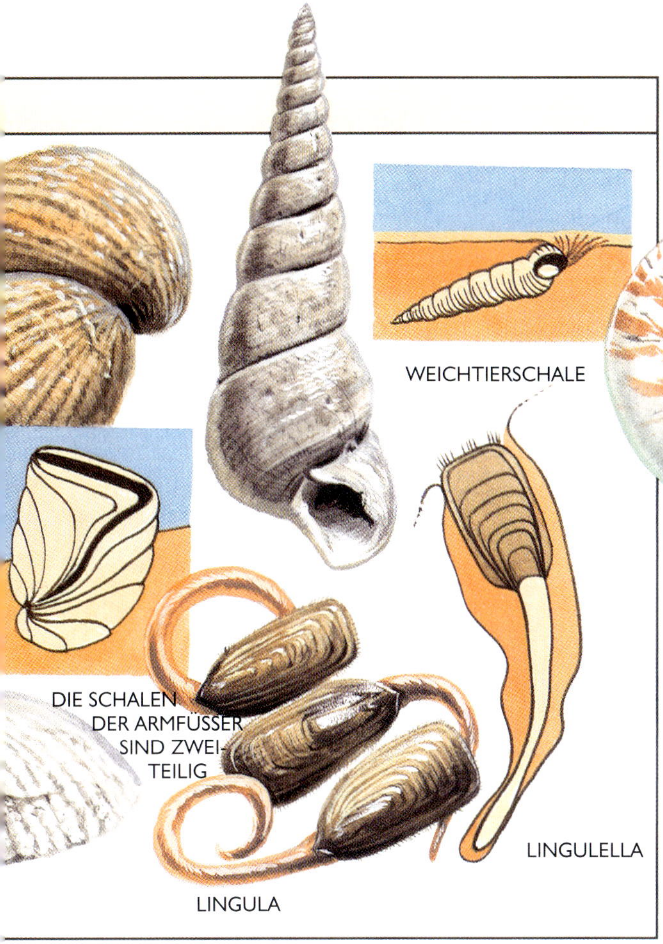

WEICHTIERSCHALE

DIE SCHALEN
DER ARMFÜSSER
SIND ZWEI-
TEILIG

LINGULELLA

LINGULA

## SCHON GEWUSST?

**Das Perlboot ist der einzige noch heute lebende nahe Verwandte der Ammoniten. Zwei weitere Arten von Kopffüßern entledigten sich ihrer Schalen: der flinke, zehnarmige Kalmar, und der langsamere, achtarmige Krake.**

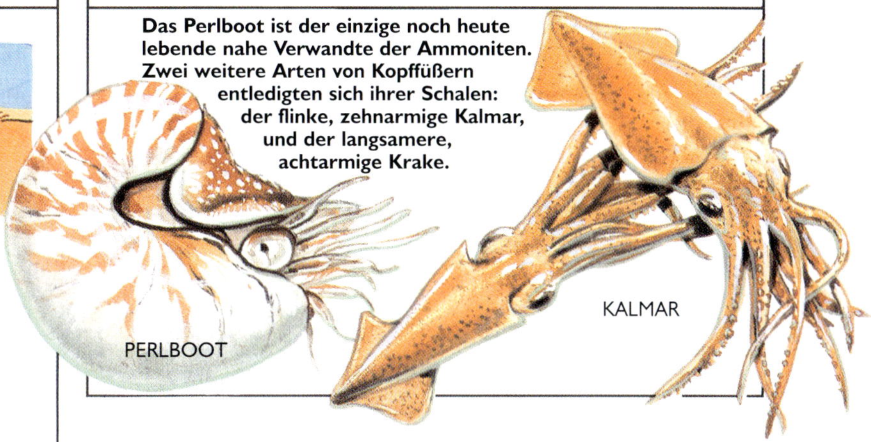

PERLBOOT

KALMAR

Viele der unzähligen Tierarten, die in der Vorzeit im Meer lebten, existieren in ähnlicher Form noch heute. Quallen, Seeanemonen, Seeigel, Seesterne und Korallen sind Beispiele für Tiere, die seit ihrer Entstehung fast unverändert geblieben sind. Andere Arten dagegen, die einst sehr erfolgreich waren, sind schon vor langer Zeit ausgestorben. Vor 400 Millionen Jahren wimmelte es in den Meeren von Trilobiten in allen Größen und Formen, doch vor 250 Millionen Jahren waren alle verschwunden.

zwar nur sehr langsam fortbewegen, doch sie sind außerordentlich kräftig und können große Muscheln aufreißen, indem sie beide Hälften der Schale mit den Saugnäpfen an ihren Armen packen. Besonders reichlich vorhanden waren die Seelilien. Sie sahen aus wie Pflanzen, hatten aber einen Körper mit fünf armähnlichen Tentakeln, der auf einem langen Stiel saß, mit dem sie sich am Meeresboden festhefteten.

In den letzten 250 Millionen Jahren haben primitive Tiere, die Polypen, sich zu riesigen Kolonien zusammengeschlossen und gewaltige Bauwerke aus Kalkstein geschaffen, die aus miteinander verbundenen Röhren bestehen: die Korallenriffe. Diese künstlichen Felseninseln reichen bis zur Wasseroberfläche hinauf und bieten unzähligen Meeresbewohnern einen Lebensraum.

SEELILIEN

### Fossilien von Seelilien

Seelilien waren vor etwa 300 Millionen Jahren so weit verbreitet, dass ein Teil des Kalksteins aus dieser Zeit fast ausschließlich aus ihnen zu bestehen scheint. Die größten Seelilien hatten 20 Meter lange Stiele. Nur relativ wenige Arten haben bis heute überlebt, und sie sind ausschließlich in großer Tiefe anzutreffen.

## Der älteste Fisch

*Arandaspis* ist einer der ältesten bekannten Fische, dessen Fossilien etwa 500 Millionen Jahre alt sind. Er war nur 15 Zentimeter lang, hatte keine Kiefer; war mit dünnen, knöchernen Schuppen bedeckt und muss deshalb geschwommen sein wie eine steife Kaulquappe. Die vordere Körperhälfte war gepanzert, und die Mundöffnung befand sich auf der Unterseite des Körpers; vermutlich hat er seine Nahrung vom Meeresboden geschaufelt oder aufgesogen.

ARANDASPIS

Von allen Lebewesen, die es vor 550 Millionen Jahren gab, wurde ein einziges zum Begründer der wichtigsten Dynastie in der Geschichte der Erde. Dieses kleine, wurmähnliche Lebewesen trug den Vorläufer einer Wirbelsäule, einen dünnen Stab (die so genannte Rückensaite) in sich. Die Wirbelsäule ist für ein Tier dasselbe wie die Karosserie für ein Auto: Das Vorhandensein einer Wirbelsäule bahnt den Weg für ungezählte neue Entwicklungsmöglichkeiten. Sie kann einen langen stromlinienförmigen Körper stützen oder den Muskeln einen festen Ansatzpunkt bieten. Die Wirbelsäule ermöglicht die Entwicklung von Geschwindigkeit, Beweglichkeit, Kraft und Größe in der Tierwelt.

## Fische mit Kiefern

Vor etwa 425 Millionen Jahren entwickelten sich neue Fischarten, die mit Kiefern ausgerüstet waren. Sie erlaubten den Fischen, ihre Beute zu packen und zu zerreißen, sodass sie nicht länger gezwungen waren, Nahrung aus dem Wasser zu filtern oder aufzusaugen. Nun konnten die Fische größer werden, und sie erlernten das Jagen, wodurch sie schon bald zu den Beherrschern der Meere wurden. Wie die mittelalterlichen Ritter waren die frühen Fische mit Kiefern fast alle gepanzert. Diese Panzerung machte sie jedoch langsam und es stellte sich mit der Zeit heraus, dass die Schnelligkeit ein besserer Schutz vor Feinden war. Die Fische mit Kiefern bildeten zwei Gruppen. Bei der einen Gruppe blieben die Knochen immer so, wie sie bei jungen Fischen sind – aus Knorpel, einem leichten biegsamen Material, ähnlich wie Plastik. Bei der zweiten Gruppe wurde der Knorpel allmählich durch härtere Knochen ersetzt. *Spathobathis*, *Hybodus* und *Sclerorhynchus* sind Beispiele für frühe Fische mit Kiefern und einer Wirbelsäule aus Knorpel.

SPATHOBATHIS

HYBODUS

## Gepanzerte Fische

Das einzige, was eine Wirbelsäule nicht kann, ist, ihren Besitzer vor hungrigen Feinden zu schützen. Die ersten Fische mit einer Wirbelsäule waren klein und langsam und deshalb auf eine Panzerung angewiesen. Diese ersten Fische waren nicht größer als Elritzen. Das vordere Ende ihres Körpers war mit Panzerplatten bedeckt, aus denen ein beweglicher Schwanz herausragte. Da sie keine Flossen hatten, bewegten sie sich durch das Hin- und Herschwingen des Schwanzes voran. Sie waren weder anmutig noch schnell, und ihr schwer gepanzertes Vorderteil machte sie kopflastig. Da sie keine Kiefer hatten, sammelten sie ihre Nahrung auf dem Meeresboden. Zu ihren Feinden gehörten Weichtiere und Quallen, aber auch zwei Meter große Seeskorpione mit schrecklichen Krallen.

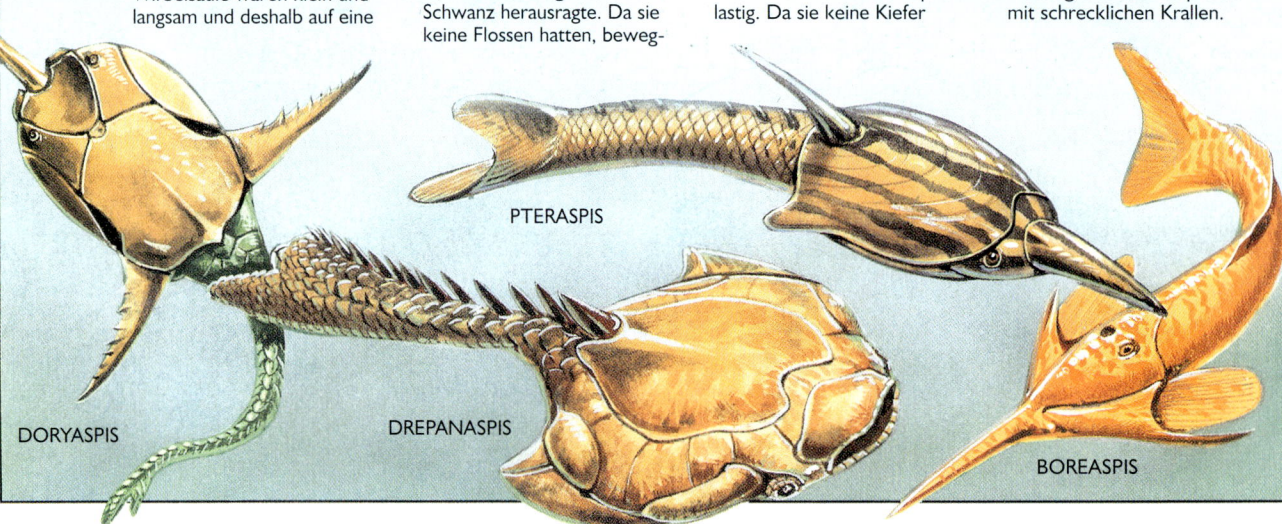

DORYASPIS

DREPANASPIS

PTERASPIS

BOREASPIS

**SCLERORHYNCHUS**

### Überreste von Fischen

Auf der ganzen Erde wurden versteinerte Skelette von primitiven Knochenfischen gefunden. Knorpel dagegen ist weicher als Knochen und verwest zusammen mit dem Fleisch. Aus diesem Grund sind die Zähne die einzigen Spuren von frühen Haien. Die größten von ihnen waren fast 15 Zentimeter hoch.

Haie gehören zu den ältesten Fischen mit einer Wirbelsäule und einem Skelett aus Knorpel, und sie waren von Anfang an unerbittliche Jäger. Ihre Jagdmethoden wirkten sich jedoch verheerend auf ihre Zähne aus; deshalb entwickelten sie eine Methode, abgenutzte Zähne durch neue zu ersetzen: die Zähne, mehr als fünfzig, werden spiralförmig hervorgebracht, und wenn ein alter Zahn abgenutzt ist, rückt ein neuer nach. Haie in der uns heute bekannten Form traten vor etwa 100 Millionen Jahren zum ersten Mal auf.

Die Knochenfische entwickelten Wirbel, die so zusammengefügt waren, dass sie eine stabile und gleichzeitig bewegliche Wirbelsäule bildeten. Diese frühen Fische behielten einen Teil ihrer Panzerung, doch da sie bereits Kiefer hatten, waren sie schon bald allen anderen Meeresbewohnern überlegen. Sie wurden zu den wichtigsten Jägern der Meere, und manche Arten erreichten Längen von sechs oder sieben Metern.

### SCHON GEWUSST ?

Fossilfunde deuteten darauf hin, dass die Quastenflosser, die zu den häufigsten unter den frühen Fischen mit Kiefern gehörten, seit ungefähr 100 Millionen Jahren ausgestorben waren. Doch 1938, kurz vor Weihnachten, wurde dem Kapitän eines südafrikanischen Fischerbootes im Indischen Ozean fast die Hand abgebissen von einem angriffs-

**QUASTENFLOSSER**

lustigen und hässlichen Fisch, der in großer Tiefe gefangen worden war. Ein Zoologe stellte später überrascht fest, dass es sich bei diesem Fisch um einen Quastenflosser handelte, also um eine Art „lebendes Fossil".

Auch heute nutzen wieder einige Fische die Vorteile, die ihnen eine Panzerung bietet. Die langsam schwimmenden Seepferdchen haben einen starren, aufrecht stehenden Körper mit zarten Flossen an beiden Seiten.

### Kieferlose Überlebende

Heute leben nur noch zwei Nachfahren der ersten primitiven Fische ohne Kiefer: der Inger und das Neunauge. Der rosafarbene, einem Aal ähnelnde Inger lebt im Schlamm flacher Meeresgewässer, taucht aber auf, um von sterbenden oder toten Fischen Fleischstücke abzureißen. Das Neunauge ist ihm in Form und Größe recht ähnlich, schwimmt aber zum Laichen in die Flüsse ein und saugt sich mit seinem primitiven Mund an Fischen fest, um sich von ihrem Fleisch und ihrem Blut zu ernähren.

**INGER**

**NEUNAUGE**

### Haie und Rochen

Ein Vorteil eines Knorpelskeletts besteht darin, dass es leichter ist als eines aus Knochen, doch die Knorpelfische sind trotzdem schwerer als Wasser. Haie müssen ihren Schwanz ständig hin- und herschwingen, um nicht zu sinken. Die heutigen Rochen haben zum Teil gewaltige Spannweiten und sind gewissermaßen die Drachenflieger der Meere.

**ROCHEN**

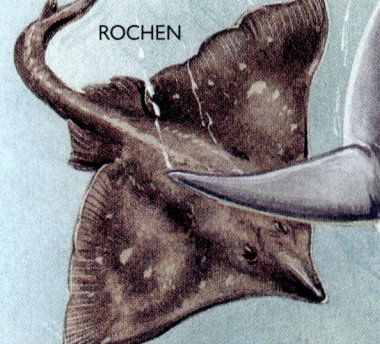

**HAI**

23

# DIE EROBERUNG DES LANDES

**HEUTE**

100
200
300
400
500
600

VOR 420–250 MILLIONEN JAHREN

**V**or etwa 420 Millionen Jahren wurde das Land ganz plötzlich grün. Hunderte von Millionen Jahren hatte es an den Küsten nur schleimige Algen gegeben, die sich an das Gestein klammerten und von der Gischt feucht gehalten wurden. Dann entwickelte eine Algenart eine wachsartige Haut, die sie davor bewahrte, in der Sonne auszutrocknen. Aus den so geschützten Zellen gingen die ersten Pflanzen hervor. Diese einfache Schutzvorrichtung ermöglichte es den Pflanzen, sich landeinwärts auszubreiten, wobei sie sich zunächst auf Sümpfe und Flussufer beschränkten. Noch heute gibt es Nachfahren dieser frühen Pflanzen.

FARNE

BÄRLAPPGEWÄCHSE

LIBELLEN

TAUSENDFÜSSER

### Ein ödes Land

In den ersten 4 Milliarden Jahren ihrer Geschichte war die Erde vollkommen kahl. Die Gebirge bestanden aus Geröll und Gesteinsbrocken, und die Berge waren grau und braun. Selbst nach starken Regenfällen blieben die Täler die Wüsten, die sie vorher gewesen waren. Da es keine Wurzeln gab, die Sand und Schlamm festhielten, gab es auch kein Erdreich. Jeder Windstoß wirbelte Staub auf, und jeder Sturm war ein Sandsturm. Die Flüsse führten Unmengen von Schlamm mit sich. Es gab nur die staubigen Grau- und Brauntöne von Schlamm und Gestein, und eine wichtige Farbe fehlte vollkommen – das Grün.

24

EUSTHENOPTERON

SCHACHTELHALME

SCHABE

## Insekten aus dem Meer

Als sich der grüne Teppich weiter über die Erde ausbreitete, verließ eine weitere Gruppe von Lebewesen, die Insekten, das Meer, um dieses neue, gewaltige Nahrungsangebot zu nutzen. Die Insekten hatten sich aus Ringelwürmern entwickelt, die im Meer lebten. Die ersten Geschöpfe, die aus dem Meer herauskrochen, waren vermutlich primitive Tausendfüßer, die bis zu zwei Meter lang wurden (sie heißen zwar Tausendfüßer, aber keine der heute lebenden Arten hat mehr als 200 Füße). Den Tausendfüßern folgten die Fleisch fressenden Hundert-

füßer, Spinnen und Skorpione. Die Skorpione hatten zu jener Zeit bereits Verwandte, die im Meer lebten und mit ihren gewaltigen Scheren Fische erbeuteten.

Zu den primitivsten fliegenden Insekten gehörten die Libellen. Sie mussten vermutlich fliegen, weil sie sich in Wäldern ansiedelten. Dort konnten Insekten von Baum zu Baum fliegen und waren nicht gezwungen, auf den Boden zurückzukehren, wo vielleicht hungrige Tiere lauerten. Andere geflügelte Insekten der Vorzeit waren Schaben, Heuschrecken und Grashüpfer.

Schon bald entwickelten die Pflanzen Wurzeln und Blätter. Die Wurzeln gaben ihnen Halt und ermöglichten es ihnen, Wasser aus dem Boden aufzunehmen. Die Blätter halfen den Pflanzen dabei, das Sonnenlicht für ihr Wachstum auszunutzen. Aus diesem Grund begann ein Wettlauf gen Himmel; die größten Pflanzen erhielten am meisten Licht, brachten die meisten Sämlinge hervor und wurden von Generation zu Generation höher. Im Laufe weniger Millionen Jahre entstanden Wälder, die schon bald in allen Feuchtgebieten der Erde zu finden waren. Diese Wälder ragten 30 Meter hoch empor und bestanden aus drei Arten von primitiven Pflanzen: riesigen Schachtelhalmen, Bärlappgewächsen und Farnen.

## Wie die Kohle entstand

Die ersten Sumpfwälder bildeten sich im Tiefland, durch das sich Flüsse schlängelten, die immer stärker verschlammt waren, je näher sie ihrer Mündung kamen. In den fast stehenden Gewässern sammelte sich Schicht um Schicht abgestorbener, verrottender Baumstämme, die der Fluss immer wieder mit Sand und Schlamm zudeckte. Diese Schichten aus Baumstämmen wurden zusammengepresst, und die schwarze Masse aus verrottetem Holz wurde schließlich zu Kohle. Aus diesem Grund ist das Zeitalter der ersten großen Wälder gleichzeitig das Zeitalter, in dem sich in Europa und Nordamerika viel Kohle

bildete. Deshalb wird es nach dem französischen

Wort *charbon*, das Kohle bedeutet, als Karbon bezeichnet. Noch heute kann man in Kohlestücken manchmal Pflanzenstängel, Blätter, Baumstämme und sogar Überreste jener Tiere finden, die wie die Libellen damals in den Wäldern lebten.

Vor etwa 400 Millionen Jahren taten die ersten Fische den Schritt aufs Land. Der Grund dafür war vermutlich, dass die Tiere auf der Suche nach neuen Nahrungsquellen waren. Zuerst sprangen die primitiven Fische wahrscheinlich nur aus dem Wasser, um vorüberfliegende Insekten zu erwischen, wie es noch heute die Forellen tun, doch eine Gruppe von Fischen war schließlich in der Lage, die Insekten auch durch Sumpfgebiete zu verfolgen. Diese ersten Wasserbewohner, die sich aufs Land wagten, werden Amphibien oder Lurche genannt. Bei vielen der heute lebenden Amphibien ist noch immer deutlich zu erkennen, dass sie von Fischen abstammen, denn zum Ablegen ihrer winzigen, weichschaligen Eier suchen sie stets das Wasser auf. Die aus ihnen schlüpfenden Larven atmen durch Kiemen, wie es die Fische tun, und bekommen erst später Arme, Beine und Lungen.

## Leben auf dem Land

Die Flossen waren außerhalb des Wassers völlig nutzlos, deshalb entwickelten die Luft atmenden Landfische schon sehr bald Beine. Bein-, Hand- und Fingerknochen der Landfische entstanden aus den lappenartigen Flossen der Knochenfische. Doch zum Leben auf dem Land gehört mehr als nur Beine! Fische brauchen ihr eigenes Gewicht nicht zu tragen, denn das Wasser gibt ihnen Auftrieb. Die ersten Amphibien mussten also eine stabile Wirbelsäule und kräftige Muskeln entwickeln. Fische haben keine Ohren, also waren auch die ersten Amphibien langsame, taube Geschöpfe, die sich nicht weit vom Wasser entfernen konnten, weil sonst die Sonne ihre Haut ausgetrocknet hätte. Das merkwürdigste Geschöpf unter diesen frühen Amphibien war zweifellos *Diplocaulus* mit seinem flachen, dreieckigen Kopf. Diese Kopfform gab dem Tier Auftrieb wie die Tragflächen eines Flugzeugs; wahrscheinlich lauerte es auf dem Grund eines Gewässers auf Beute und schnellte sich dann aus dem Wasser, um sie zu packen.

CACOPS

DIPNORHYNCHUS

GRIPHOGNATHUS

DIADECTES

### Fische, die Luft atmen

Die Fische, die im Wasser blieben, waren Verwandte der Quastenflosser (*siehe Seite 23*). Eine kleine Gruppe von Fischen hat gelernt, außerhalb des Wassers zu überleben. Sie musste sich einem Leben in trockenem Schlamm anpassen, weil sie in Flüssen oder Seen lebte, die im Sommer austrockneten. Zwei der frühesten dieser Luft atmenden Fische waren *Griphognathus* und *Dipnorhynchus*. Die heute in den Tropen lebenden Schlammspringer können sich auf Schlamm-bänken fortbewegen und auch kurze Zeit außerhalb des Wassers atmen. Die jetzigen Lungenfische überleben Zeiten, in denen ihre Gewässer ausgetrocknet sind, indem sie sich tief in den Schlamm eingraben. Lungen-fische leben in heißen Gebieten in Südamerika, Afrika und Australien. Sowohl die Schlammspringer als auch die Lungenfische leben ähnlich wie die primitiven Quastenflosser, die sich vor 400 Millionen Jahren zum ersten Mal aufs Land begaben.

ICHTHYOSTEGA-FOSSIL

PLATYHYSTRIX

PANTYLUS

DIPLOCAULUS

PHLEGETHONTIA

## Ichthyostega

Skelette einiger früher Amphibien wurden in Gestein auf Grönland gefunden, das zu jener Zeit noch kein Land der schnee- und eisbedeckten Berge war, sondern ein in Äquatornähe liegendes warmes Tiefland, in dem es häufig regnete. *Ichthyostega* hatte noch den Kopf und

Schwanz eines Fisches, doch seine Beine beweisen, dass er sich auch auf dem Land fortbewegen konnte. Seine scharfen Zähne lassen vermuten, dass er hauptsächlich von Fischen lebte, aber auch saftige Würmer und Tausendfüßer nicht verschmähte.

## SCHON GEWUSST?

*Vieraella* ist der älteste bekannte Frosch. Er war winzig – nur drei Zentimeter lang. *Palaeobatrachus* ist ein weiterer primitiver Frosch, von dessen Kaulquappen ebenfalls Fossilien gefunden wurden. Die heute lebenden Frösche haben Methoden entwickelt, die verhindern, dass ihre Kaulquappen von anderen Tieren gefressen werden. Die Männchen der Wabenkröte zum Beispiel kleben die Eier auf den Rücken der Weibchen, wo sie von einer dünnen

Haut überzogen werden und sich, auf diese Weise geschützt, zu Kaulquappen entwickeln können. Bei einem kleinen Frosch im Süden Chiles entwickeln sich die Eier im Maul des Männchens, das sie erst ausstößt, wenn sie zu kleinen Fröschen herangewachsen sind.

KAUL-QUAPPE

VIERAELLA

PALAEOBATRACHUS

Alle Amphibien durchlaufen nach dem Ausschlüpfen aus dem Ei ein fischähnliches Stadium; es gibt aber auch Arten, die das Larvenstadium zeitlebens beibehalten. Einige der in Mexiko lebenden Querzahnmolche wie der Axolotl machen keine Verwandlung in die Erwachsenenform durch, und ihre Kiemen stehen wie Büschel vom Hals ab.

Etliche zehn Millionen Jahre lang beherrschten die Amphibien das Land; sie erreichten die Größe von Krokodilen, und ihre Kiefer waren mit Furcht einflößenden Zähnen besetzt. Vor etwa 250 Millionen Jahren starben jedoch fast alle dieser frühen Amphibien aus, denn sie waren den anpassungsfähigeren Reptilien und Dinosauriern unterlegen. Bei den überlebenden Arten handelte es sich nicht länger um riesige, Land bewohnende Monster, sondern um kleine, Wasser liebende Geschöpfe. Einige der bekanntesten der heutigen Amphibien, die Frösche, entwickelten sich erst vor 200 Millionen Jahren und waren durch ihre gerundete Körperform und ihre starken Hinterbeine wie geschaffen für eine springende Fortbewegung. Etwa zur gleichen Zeit erschien eine weitere Gruppe moderner Amphibien, unter ihnen die Molche und Salamander.

## Das erste Reptil

Eines der frühesten bekannten Reptilien war *Hylonomus*. Dieses Tier sah den modernen Eidechsen sehr ähnlich, lebte zwischen trockenen Pflanzen und ernährte sich von Insek- ten und Würmern. *Hylonomus* hatte scharfe Zähne und konnte deshalb auch Insekten mit zäher Haut, wie etwa Tausendfüßer, fressen.

HYLONOMUS

Die frühen Amphibien lebten in der Nähe des Wassers, wo sie ihre Eier ablegten und auf Nahrungssuche gingen. Vor etwa 350 Millionen Jahren breiteten sich die Wälder über das Land aus, und dieses neue Nahrungsangebot veranlasste eine Gruppe von Amphibien, das Wasser zu verlassen. Sie entwickelten eine neue Methode, ihre Nachkommenschaft zu sichern: in Eiern mit einem Dotter.

Das Ei selbst war nicht neu. Eine Reihe von Amphibien und Fischen legte sogar Eier, die so gut geschützt waren, dass sie in feuchter Erde überleben konnten. Dieses neue Ei enthielt jedoch Nahrung für den Embryo und besaß außerdem eine luftdurchlässige Schale, die verhindert, dass das sich entwickelnde Tier erstickt.

## Die Bedeutung des Eies

Evolution kann stattfinden, wenn es zu Neuerungen kommt, die es einer Art erlauben, sich weiter auszubreiten. Die beste Methode, das Überleben einer Art sicherzustellen, besteht darin, die Neugeborenen zu schützen. Die meisten primitiven Tiere entlassen einfach Millionen von Jungtieren ins Wasser, in der Hoffnung, dass ein winziger Bruchteil von ihnen am Leben bleibt. Das Ei ist eine der sinnvollsten Entwicklungen in der langen Geschichte der Evolution, denn es bietet den jungen Reptilien so lange Schutz, bis sie groß genug sind, um auf sich gestellt in der Außenwelt zu überleben. Diese Entwicklung war es, die die Reptilien so außerordentlich erfolgreich machte und es ihnen ermöglichte, sich über fast die gesamte Erde auszubreiten, von den Regenwäldern bis zu den Wüsten und von den Meeren bis in den Himmel.

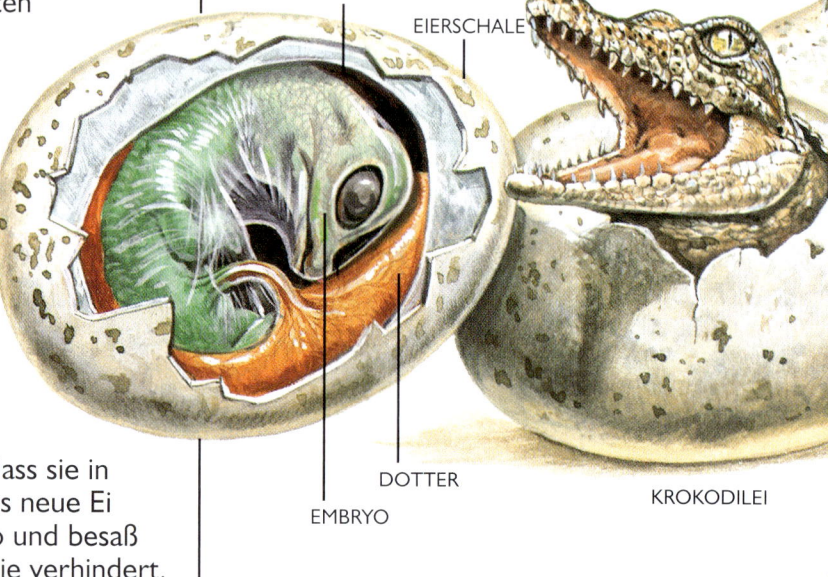

SAUERSTOFF

EIERSCHALE

DOTTER

EMBRYO

KROKODILEI

SCUTOSAURUS

## Schildkröten

Schildkröten gibt es seit mehr als 200 Millionen Jahren. Vor Feinden schützt sie nicht etwa ihre Schnelligkeit, sondern ihr zäher Panzer, der sich aus den Rippen entwickelte. Es gibt sowohl Land- als auch Meeresschildkröten. Die hier abgebildete Meeresschildkröte *Archelon* konnte bis zu dreieinhalb Meter lang werden.

PROGANOCHELYS

ARCHELON

TESTUDO

## Der stachlige Dimetrodon

Dimetrodon trug ein riesiges, stachliges Segel auf dem Rücken, das ihm half, seinen Körper morgens schneller aufzuwärmen oder in der Mittagshitze abzukühlen. Um das Blut zu erwärmen, neigte dieses Reptil sein Rückensegel so zur Seite, dass es möglichst viel Sonnenwärme aufnahm. Um sich abzukühlen, drehte sich *Dimetrodon* einfach in den Wind. Reptilien werden als kaltblütige Tiere bezeichnet; das bedeutet jedoch nicht, dass sie kaltes Blut haben, sondern nur, dass ihre Körpertemperatur immer von ihrer Umgebung abhängt. Flink fortbewegen können sie sich daher nur, wenn sie vorher von der Sonne aufgewärmt wurden.

DIMETRODON

## Gepanzerte Pflanzenfresser

**P**areiasaurus und Scutosaurus waren die größten der frühen Reptilien, die vor etwa 280 Millionen Jahren lebten. Sie hatten ungefähr die Größe eines Nashorns, und in ihre Haut waren dicke Knochenplatten eingelagert, die sie vor Feinden schützten. Die Gliedmaßen dieser beiden frühen Reptilien standen unter dem Körper, sodass sie nicht länger kriechen mussten, sondern sich relativ aufrecht fortbewegen konnten. Dieses Merkmal findet sich in wesentlich verbesserter Form auch bei den Dinosauriern (*siehe Seiten 30-39*).

*Pareiasaurus* und *Scutosaurus* lebten in Osteuropa in einem Gebiet, in dem es warm war und viele Pflanzen gab, von denen sie sich ernährten. Wir wissen, dass sie Pflanzenfresser waren, denn ihre versteinerten Zähne sind flach und haben gezackte Kanten – waren also ideal zum Zermahlen zäher Pflanzenfasern.

Die einzigen Orte, an denen Reptilien nicht überleben können, sind die, in denen es längere Zeit sehr kalt ist: hohe Berge oder die Polargebiete. Auf seiner langsamen Reise über die Südhalbkugel löste sich Neuseeland von Australien und der Antarktis, mit denen es einst verbunden war, und driftete so nahe an den Südpol heran, dass mit Ausnahme der anpassungsfähigen Brückenechse alle dort lebenden Reptilien erfroren.

PAREIASAURUS

## Meeresreptilien

**E**ine andere Gruppe von Reptilien kehrte zurück ins Wasser und nutzte ihre Größe und Schnelligkeit, um sich von den üppigen Fischbeständen zu ernähren. Es gab zwei Gruppen dieser Reptilien: die Plesiosaurier, deren Beine sich in große Flossen verwandelten und deren Hals sich verlängerte wie bei einer Robbe, und die Ichthyosaurier, bei denen die Beine fast vollständig verschwanden, was die Tiere aussehen ließ wie Delfine. Diese Ähnlichkeiten sind allerdings kein Zufall. Sowohl Robben als auch Delfine sind

**PLESIOSAURIER:**
MURAENOSAURUS

Tiere, die einst auf dem Land lebten und sich einem Leben im Meer erst anpassten, nachdem die Ichthyosaurier und die Plesiosaurier vor etwa 65 Millionen Jahren ausgestorben waren.

**ICHTHYOSAURIER:**
ICHTHYOSAURUS

**PLESIOSAURIER:**
LIOPLEURODON

**Eine Zeit lang war man der Meinung, bei dem sagenhaften Ungeheuer von Loch Ness könnte es sich um einen Nachfahren der Plesiosaurier handeln, doch inzwischen hat eine sehr gründliche Durchsuchung des Sees ergeben, dass es diese Ungeheuer nicht mehr gibt.**

## Beinlose Echsen

**D**ie Schlangen gingen vor etwa 150 Millionen Jahren aus den Echsen hervor. Manche Dickichte aus Büschen und Bäumen waren so stachlig und undurchdringlich, dass der Besitz von Beinen keinen Vorteil darstellte – im Gegenteil, ohne Beine kamen die Tiere viel schneller voran. Deshalb haben sich viele Echsen zu beinlosen, schlangenähnlichen Tieren weiterentwickelt.

# DAS ZEITALTER DER RIESEN

Vor etwa 230 Millionen Jahren begann eine Gruppe von Reptilien, die Archosaurier oder Großsaurier, die Herrschaft auf der Erde an sich zu reißen. Zu den Archosauriern gehörten die Aufsehen erregendsten Landtiere, die es je gab – die größten, stärksten und angriffslustigsten. Das waren die Dinosaurier, deren Name aus den griechischen Worten *deinos* (schrecklich) und *sauros* (Echse) zusammengesetzt wurde. Eine andere Gruppe von Archosauriern, die Pterosaurier, konnte fliegen; zu ihnen zählten die größten Tiere, die sich je in die Lüfte erhoben. Eine weitere Gruppe von Archosauriern siedelte sich in warmen Tropenflüssen an. Von all den zahllosen Archosauriern, die die Erde mehr als 150 Millionen Jahre lang beherrschten, haben nur die Nachkommen dieser letzten Gruppe, die Krokodile, bis zum heutigen Tag überlebt.

HEUTE

100
200
300
400
500
600

VOR 250–65 MILLIONEN JAHREN

ERYTHROSUCHUS

CHASMATOSAURUS

Einige der frühesten Archosaurier ähnelten den Krokodilen. *Chasmatosaurus* war einem Leben in Flüssen perfekt angepasst; er lebte von Fischen, die er mit seinen scharfen Zähnen fing. *Erythrosuchus* wurde bis zu fünf Meter lang und war somit der größte der frühen Dinosaurier.

FRÜHER JURA

FRÜHE KREIDE

SPÄTER JURA

## Die Evolution der Dinosaurier

Die Dinosaurier wurden immer größer, schneller und angriffslustiger, weil sie mit anderen Arten um Nahrung kämpfen mussten. Für viele Pflanzen fressende Dinosaurier war die Größe der einzige wirksame Schutz vor den schrecklichen Fleisch fressenden Arten. Die Folge davon war, dass sich einige der frühen Pflanzenfresser zu gewaltigen Kolossen entwickelten. Vor 190 Millionen Jahren hatte der argentinische Dinosaurier *Riojasaurus* eine Länge von zehn Metern erreicht. Vierzig Millionen Jahre später konnte der schlanke, zehn Tonnen schwere *Diplodocus* bis zu 26 Meter hoch reichen und nutzte seinen langen Hals, um die Blätter von hohen Bäumen zu fressen. Aus derselben Zeit stammende vollständige Skelette des riesigen *Brachiosaurus* sind 23 Meter lang und 12,6 Meter hoch; einige Exemplare waren möglicherweise bis zu 35 Meter lang, also so groß wie ein Passagierflugzeug!

Einen anderen wirksamen Schutz vor Feinden stellte die Panzerung dar. Der neun Meter lange *Stegosaurus* trug zwei Reihen großer Knochenplatten auf dem Rücken, und sein Schwanz endete in einer Keule, die mit ein Meter langen Stacheln besetzt war.

Einige der Fleisch fressenden Dinosaurier waren ausgesprochen schnelle und behände Tiere. *Deinonychus* jagte vermutlich im Rudel; Beutetiere wurden umringt und dann mit den Krallen in Stücke gerissen. *Megalosaurus* und *Allosaurus* dagegen verließen sich bei der Jagd auf ihre gewaltige Größe und Kraft.

## Die ersten Krokodile

Die Krokodile und Alligatoren, die heute träge in tropischen Flüssen herumschwimmen, sehen noch fast genauso aus wie ihre Vorfahren, die vor 200 Millionen Jahren in den Flüssen im Westen Amerikas lebten. Das größte bekannte Krokodil, *Deinosuchus*, lebte vor etwa 80 Millionen Jahren in der Region, die heute Texas heißt. Es wurde bis zu 15 Meter lang; allein der Kopf hatte eine Länge von zwei Metern.

DEINOSUCHUS

1. *Coelophysis*
2. *Teratosaurus*
3. *Anchisaurus*
4. *Riojasaurus*
5. *Stegosaurus*
6. *Diplodocus*
7. *Brachiosaurus*
8. *Megalosaurus*
9. *Sauropelta*
10. *Allosaurus*
11. *Deinonychus*
12. *Iguanodon*

# REKONSTRUKTION DER DINOSAURIER

REKONSTRUIERTES SKELETT
VON DIPLODOCUS

**S**eit Hunderten von Jahren werden Dinosaurierkno-chen ausgegraben. Aber erst im Jahre 1820, als ein Landarzt im Süden Englands mehrere riesige Zähne fand, bemerkte man, dass man etwas Beson-deres vor sich hatte. Zwanzig Jahre später erfand der berühmte Londoner Natur-forscher Richard Owen das Wort „Dinosaurier" und löste damit eine Dinosaurier-Mode aus.

Viele der besten Dinosauri-erfunde stammen aus den trocke-nen, westlichen Bundesstaaten der USA. Vor mehr als 100 Jahren rüsteten „Dinosaurierjäger" Expeditionen aus, die die Staaten Colorado und Wyoming durchkämmten.

In nur 30 Jahren wurden etwa 130 neue Formen von Dinosauriern entdeckt.

Eine weitere bedeutende Fundstätte war eine Kohlengrube in Belgien, in der Bergleute im Jahre 1877 in einer Tiefe von 322 Metern annähernd 40 Skelette des *Iguanodon* fanden. Sie waren in eine schlamm-gefüllte Erdspalte gefallen und darin umgekommen. In neuester Zeit hat man auch in Zentralasien, in den Wüsten der Mongolei, sensationelle Funde von neuen Dinosaurierarten gemacht.

Eine der Fragen, die Wissenschaftler aus verstei-nerten Überresten nicht befriedigend beantworten

## Knochentransport

Wenn Dinosaurierknochen entdeckt werden, lässt man sie im umgebenden Gestein und entfernt lieber große Mengen davon, um sie unbeschädigt freizulegen. Zum besseren Schutz kann man sie zusätzlich mit Gips bedecken (1).

① 

Die Blöcke werden dann in ein Labor gebracht, wo man die Knochen vorsichtig heraus-löst, z. B. mit Zahnarztbohrern und Nadeln (2), oder indem der umgebende Stein mit

②

Säure aufgelöst wird (3). Mitunter sind die Knochen so zerbrechlich, dass sie mit speziellen Chemikalien und Kunststoffen konserviert werden müssen.

③

## Dinosauriereier

Sehr selten werden Dinosauriernester gefunden. Einige davon enthalten sogar Eier. In einem versteinerten Nest in Montana (USA) kamen 15 junge Dinosaurier zum Vorschein, die möglicherweise mehrere Monate, bevor sie umkamen, ausgeschlüpft waren. Dinosauriereier wurden mit der Spitze nach unten, halb begraben im Sand oder in der Erde des Nestes, abgelegt. Die Skelette ungeborener Dinosaurier sind winzig: Die Babys von 2,5 m großen Eltern waren nur so groß wie ein Kätzchen.

EIN SELTENES BEISPIEL EINES
VOLLSTÄNDIGEN SKELETTS

EI EINES
DINOSAURIERS

DINOSAURIERKNOCHEN

Im Gegensatz zu am Strand gefundenen Muschelschalen ist es extrem selten, dass ein Dinosaurierskelett genau an der Stelle erhalten bleibt, an der das Tier gelebt hat. Nach seinem Tod wurde das Fleisch schnell abgefressen, und die Knochen können zum Beispiel von einem Fluss weggespült worden sein. Was auf den ersten Blick ein komplettes Dinosaurierskelett zu sein scheint, erweist sich oft als zufällig zusammengeschwemmte Anhäufung von Knochen mehrerer Skelette.

können, ist die, ob Dinosaurier wechsel- oder gleich-
warm waren. Die gleichwarmen Säugetiere und Vögel
verbrauchen einen Teil ihrer Energie, um ihr Blut auf
einer relativ konstanten, warmen Temperatur zu halten.
Die Bluttemperatur der wechselwarmen Reptilien verändert sich mit der Wärme oder Kälte ihrer Umgebung.
Sie sind darauf angewiesen, dass die Sonne sie erhitzt
und ihnen so Energie liefert. Aus diesem Grund findet
man Reptilien nur in den wärmeren Gebieten der Erde.
Bestimmte Merkmale der Dinosaurier ähneln
denen der heutigen, gleichwarmen Säuger und Vögel, aber das könnte sich damit erklären lassen, dass
die Dinosaurier in einer sehr warmen Periode der
Erdgeschichte lebten. Viele Dinosaurier waren sehr
groß, und man weiß, dass ein großer Körper Wärme
besser bewahren kann als ein kleiner. Es scheint, als ob
Dinosaurier wie gleichwarme Tiere auf Temperaturän-
derungen reagieren konnten, ohne da-
bei allzu viel Energie zu verbrauchen.

MAIASAURA
(„MUTTERECHSE"),
NEST UND EIER

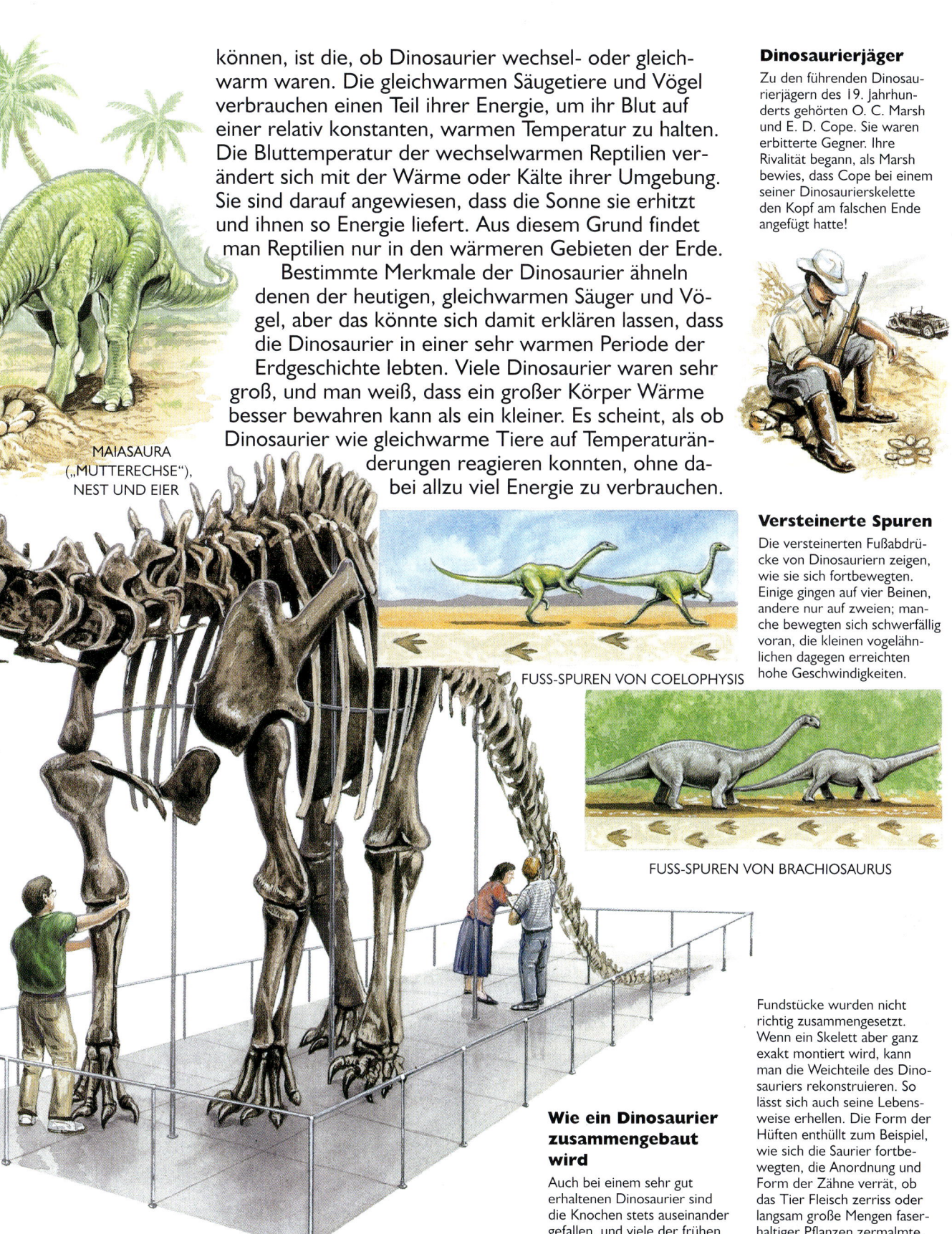

FUSS-SPUREN VON COELOPHYSIS

FUSS-SPUREN VON BRACHIOSAURUS

### Dinosaurierjäger

Zu den führenden Dinosau-
rierjägern des 19. Jahrhun-
derts gehörten O. C. Marsh
und E. D. Cope. Sie waren
erbitterte Gegner. Ihre
Rivalität begann, als Marsh
bewies, dass Cope bei einem
seiner Dinosaurierskelette
den Kopf am falschen Ende
angefügt hatte!

### Versteinerte Spuren

Die versteinerten Fußabdrücke von Dinosauriern zeigen,
wie sie sich fortbewegten.
Einige gingen auf vier Beinen,
andere nur auf zweien; manche bewegten sich schwerfällig
voran, die kleinen vogelähn-
lichen dagegen erreichten
hohe Geschwindigkeiten.

Fundstücke wurden nicht
richtig zusammengesetzt.
Wenn ein Skelett aber ganz
exakt montiert wird, kann
man die Weichteile des Dinosauriers rekonstruieren. So
lässt sich auch seine Lebensweise erhellen. Die Form der
Hüften enthüllt zum Beispiel,
wie sich die Saurier fortbewegten, die Anordnung und
Form der Zähne verrät, ob
das Tier Fleisch zerriss oder
langsam große Mengen faser-
haltiger Pflanzen zermalmte.

### Wie ein Dinosaurier zusammengebaut wird

Auch bei einem sehr gut
erhaltenen Dinosaurier sind
die Knochen stets auseinander
gefallen, und viele der frühen

**NADELBAUM:** VOLTZIA

**BAUMFARN:** WILLIAMSONIA

**BAUMFARN:** EOIDEA

## Baumfarne und Nadelbäume

Mehr als 200 Millionen Jahre lang bestanden die Wälder der Erde nur aus grünen Bäumen, vor allem Nadelbäumen und Baumfarnen. Beide pflanzen sich mit Zapfen fort, die von vom Wind herbeigewehten Pollen befruchtet werden

müssen. Da der Wind kein zuverlässiger Bote ist, müssen Nadelbäume und Baumfarne enorme Mengen ihrer feinen Sporen herstellen, um sicherzugehen, dass neue Samen entstehen. Viele Nadelbäume (wie z. B. Fichte, Lärche und Kiefer) und einige Baumfarne leben noch in den Wäldern unserer Tage.

### Die ersten Blüten

MAGNOLIEN-BL

VERSTEINERUNG EINES NADELBAUMZAPFENS

In der langen Geschichte des Lebens haben sich immer wieder zwei völlig unterschiedliche Gruppen von Tieren oder Pflanzen so entwickelt, dass sie von dem anderen abhängig waren. Das vielleicht bemerkenswerteste Beispiel sind die Blütenpflanzen und die Insekten. Ihre gegenseitige Abhängigkeit ist sehr stark geworden: Insekten verbreiten den von den Blütenpflanzen produzierten Pollen, damit Samen entstehen, aus denen neue Pflanzen werden. Dafür geben die Blüten den Insekten Nahrung. Weil sie von Blüte zu Blüte fliegen, sind Insekten wesentlich zuverlässigere Pollenüberträger als der Wind.

### Die Anziehungskraft von Blüten

**B**lüten verwenden Farbe, Duft und Form, um von Insekten besucht zu werden. Viele Blumen sind zu ihrer Mitte hin kräftiger gefärbt, weil sich hier der Pollen befindet. Andere Blüten verwenden Farben, die Menschen nicht wahrnehmen können, um Insekten anzulocken. Einige riechen sogar

nach verfaultem Fleisch, weil dieser Geruch für Fliegen einfach unwiderstehlich ist.

Die ersten Blütenpflanzen stellten einfach große Mengen von Pollen her, von dem das meiste den Insekten als Nahrung diente. Mit der Zeit „erfanden" sie raffinierte Rezepte für süßen Nektar. Während die Insekten trinken, werden sie mit Pollen

GINKO-BLÄTTER

VERSTEINERTE GINKO-BLÄTTER

### Der Ginko-Baum

Laubbäume, von denen die meisten ihre Blätter im Herbst abwerfen, waren die größten der neuen Blütenpflanzen. Häufig waren ihre Blüten nicht so auffällig oder farbenprächtig wie die ihrer kleineren Verwandten. Der Ginko ist ein „lebendes Fossil" aus einer

Zeit vor rund 100 Millionen Jahren, als solche Bäume sehr häufig vorkamen. Die Art hielt sich in einem kleinen, gebirgigen Gebiet Chinas. Heute findet man Nachkommen dieser wenigen Überlebenden in vielen Gärten überall auf der Erde.

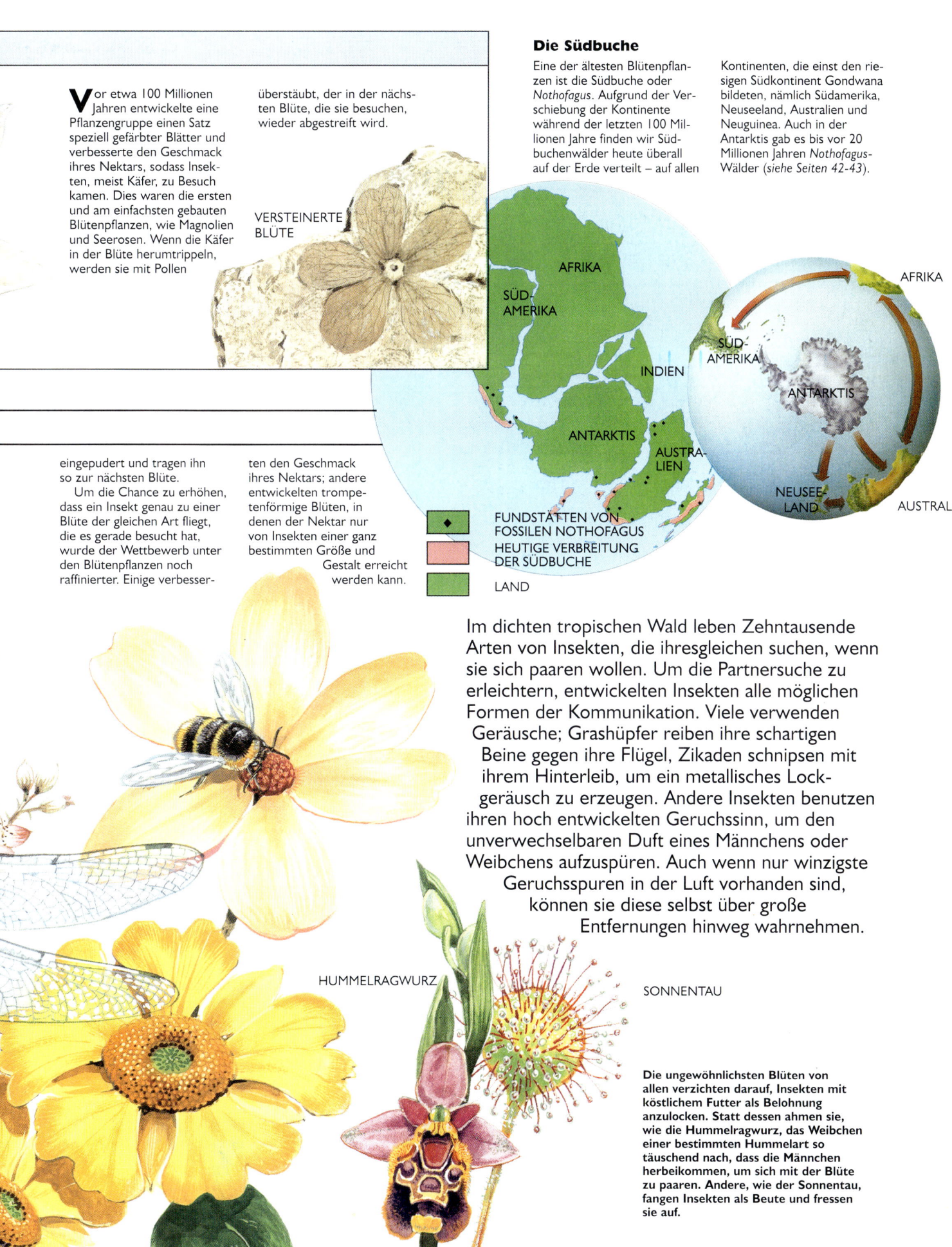

Vor etwa 100 Millionen Jahren entwickelte eine Pflanzengruppe einen Satz speziell gefärbter Blätter und verbesserte den Geschmack ihres Nektars, sodass Insekten, meist Käfer, zu Besuch kamen. Dies waren die ersten und am einfachsten gebauten Blütenpflanzen, wie Magnolien und Seerosen. Wenn die Käfer in der Blüte herumtrippeln, werden sie mit Pollen

überstäubt, der in der nächsten Blüte, die sie besuchen, wieder abgestreift wird.

VERSTEINERTE
BLÜTE

eingepudert und tragen ihn so zur nächsten Blüte.

Um die Chance zu erhöhen, dass ein Insekt genau zu einer Blüte der gleichen Art fliegt, die es gerade besucht hat, wurde der Wettbewerb unter den Blütenpflanzen noch raffinierter. Einige verbesser-

ten den Geschmack ihres Nektars; andere entwickelten trompetenförmige Blüten, in denen der Nektar nur von Insekten einer ganz bestimmten Größe und Gestalt erreicht werden kann.

## Die Südbuche

Eine der ältesten Blütenpflanzen ist die Südbuche oder *Nothofagus*. Aufgrund der Verschiebung der Kontinente während der letzten 100 Millionen Jahre finden wir Südbuchenwälder heute überall auf der Erde verteilt – auf allen Kontinenten, die einst den riesigen Südkontinent Gondwana bildeten, nämlich Südamerika, Neuseeland, Australien und Neuguinea. Auch in der Antarktis gab es bis vor 20 Millionen Jahren *Nothofagus*-Wälder (*siehe Seiten 42-43*).

AFRIKA

SÜD-
AMERIKA

INDIEN

ANTARKTIS

AUSTRA-
LIEN

AFRIKA

SÜD-
AMERIKA

ANTARKTIS

NEUSEE-
LAND

AUSTRALIEN

◆ FUNDSTÄTTEN VON
FOSSILEN NOTHOFAGUS

HEUTIGE VERBREITUNG
DER SÜDBUCHE

LAND

Im dichten tropischen Wald leben Zehntausende Arten von Insekten, die ihresgleichen suchen, wenn sie sich paaren wollen. Um die Partnersuche zu erleichtern, entwickelten Insekten alle möglichen Formen der Kommunikation. Viele verwenden Geräusche; Grashüpfer reiben ihre schartigen Beine gegen ihre Flügel, Zikaden schnipsen mit ihrem Hinterleib, um ein metallisches Lockgeräusch zu erzeugen. Andere Insekten benutzen ihren hoch entwickelten Geruchssinn, um den unverwechselbaren Duft eines Männchens oder Weibchens aufzuspüren. Auch wenn nur winzigste Geruchsspuren in der Luft vorhanden sind, können sie diese selbst über große Entfernungen hinweg wahrnehmen.

HUMMELRAGWURZ

SONNENTAU

Die ungewöhnlichsten Blüten von allen verzichten darauf, Insekten mit köstlichem Futter als Belohnung anzulocken. Statt dessen ahmen sie, wie die Hummelragwurz, das Weibchen einer bestimmten Hummelart so täuschend nach, dass die Männchen herbeikommen, um sich mit der Blüte zu paaren. Andere, wie der Sonnentau, fangen Insekten als Beute und fressen sie auf.

35

Nachdem das Land erobert war, wartete noch ein anderes Reich darauf, bevölkert zu werden: die Luft. Schon im Karbon flatterten Insekten, wie die riesigen Libellen, die Flügelspannweiten von bis zu 60 Zentimetern erreichten, durch die Kohlewälder. Aber die wirklichen Eroberer der Luft stammten aus zwei Gruppen, die sich aus urtümlichen Reptilien, den Archosauriern, entwickelt hatten. Zuerst erschienen die eigenartigen Pterosaurier, dann eine andere Tiergruppe, die auf uns nicht so merkwürdig wirkt, weil wir sie kennen: die Vögel.

Ein erfolgreicher Flieger braucht einen leichten, aber kraftvollen Körper. Sowohl die Pterosaurier als auch die Vögel verloren im Lauf der Zeit das überschüssige Gewicht, das sie von ihren Reptilahnen geerbt hatten. Ihre Knochen wurden dünner und hohl, und einige Arten ersetzten ihre Zähne durch Schnäbel. Zudem mussten sie kräftigere und leistungsfähigere Muskeln entwickeln, um ihre Schwingen bewegen zu können.

## Fliegende Reptilien

Es gab Pterosaurier aller Größen: vom taubengroßen *Eudimorphodon* bis zu *Quetzalcoatlus*, der mit einer Spannweite von 15 Meter die Größe eines Kleinflugzeugs erreichte. Vor etwa 100 Millionen Jahren waren die Pterosaurier eine gut entwickelte Gruppe: *Pteranodon* z. B. besaß einen wie ein Ruder geformten Kopf und einen Schnabel, der groß genug war, um damit Fische zu erbeuten.

Nachdem sie für rund 100 Millionen Jahre die Luft beherrscht hatten, starben die Pterosaurier schließlich aus. Sie verloren die Luftherrschaft an eine andere aus den Reptilien entstandene Tiergruppe, die Vögel. Sie verwendeten ein widerstandsfähigeres und elastischeres Material als ausgespannte Haut für ihre Flügel: Federn.

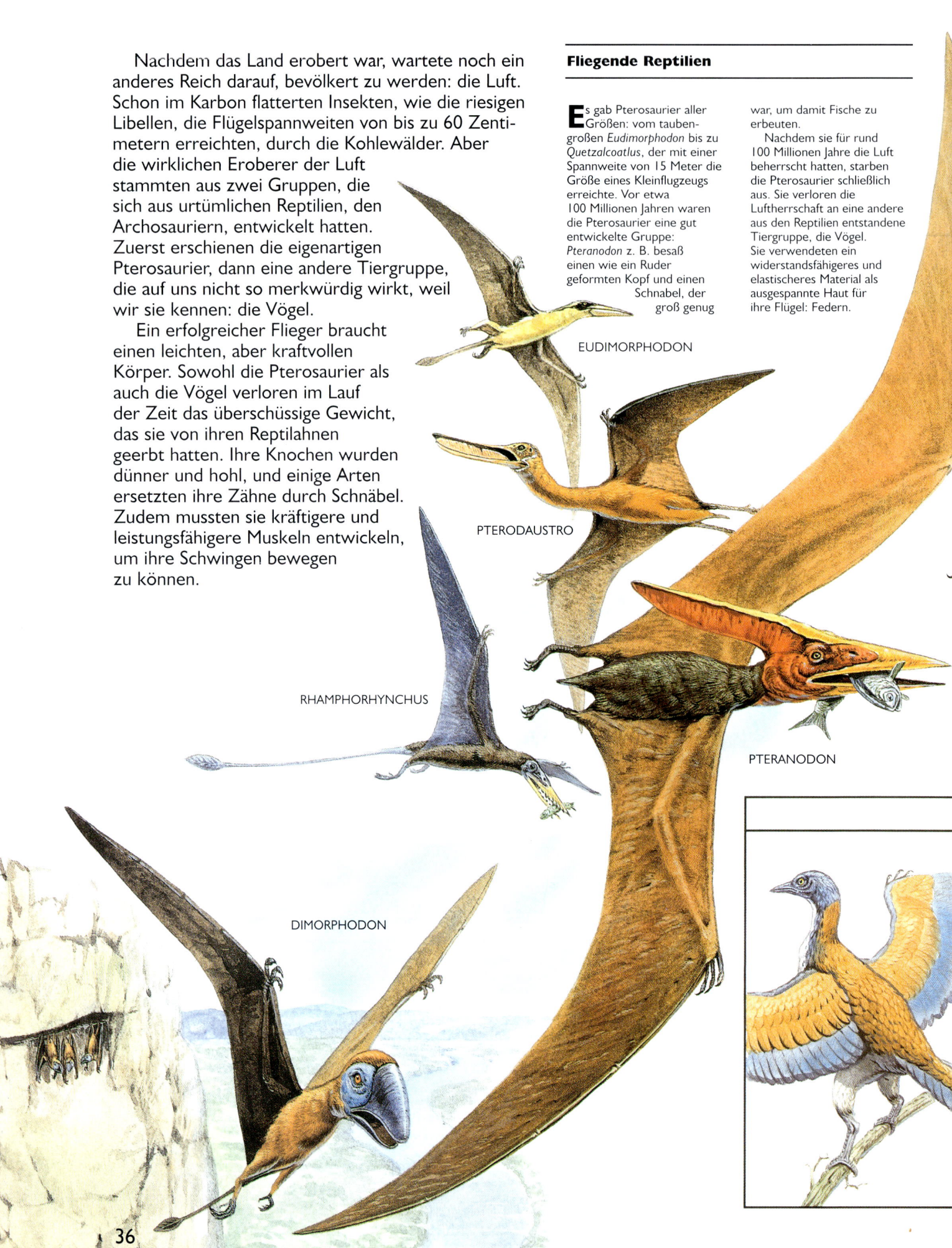

EUDIMORPHODON

PTERODAUSTRO

RHAMPHORHYNCHUS

PTERANODON

DIMORPHODON

36

## SCHON GEWUSST?

Die Schwingen eines Pterosauriers waren sehr verletzlich. Sie bestanden aus ausgespannter Haut, die nicht heilen konnte, wenn sie riss oder zerkratzte. Vogelfedern dagegen sind zum Fliegen ideal: Sie sind leicht und sie sind ersetzbar, wenn sie beschädigt werden. Schnell stellte sich heraus, dass sie zum Fliegen vor allem wegen ihrer Biegsamkeit geeignet waren. Federn schaffen Wärme für ein Küken, geben einem Pfauenrad Farbe, liefern Kraft für den 100 000-Kilometer-Flug der Küstenseeschwalbe und erlauben es einem Kolibri, im Schwirrflug vor einer Orchideenblüte zu stehen.

FLÜGEL EINES PTEROSAURIERS

VOGELFLÜGEL

### Eine Vielzahl von Vögeln

Am Ende der Kreidezeit, vor nur etwa 70 Millionen Jahren, waren Seetaucher, Kormorane, primitive Pelikane, Ibisse, Rallen und Strandläufer an den Küsten der Seen und Meere bereits häufig. Die Vögel des Inlands sind weitgehend ein Rätsel geblieben, da ihre Skelette fast nie erhalten geblieben sind.

Vor etwa 45 Millionen Jahren existierten nahezu alle modernen Vögel, darunter Eulen, Eisvögel, Wassergeflügel, Spechte und Singvögel. Heute gibt es etwa 8 700 Arten.

*Presbyornis* war ein Vorfahr der modernen Enten.

*Argentavis* war ein altertümlicher Geier.

### Urtümliche moderne Vögel

*Archaeopteryx* war möglicherweise kein direkter Vorfahr der heutigen Vögel, aber nur zehn Millionen Jahre später finden wir versteinerte Vögel, die den heute lebenden gleichen.

*Hesperornis*, hier beim Fischfang abgebildet, war ein bis zu zwei Meter großer, flugunfähiger Tauchvogel. Er konnte seinen Kiefer aushaken, um große Fische zu schlucken. Möglicherweise war er ein Vorfahr der heutigen Seetaucher.

### Archaeopteryx, das Bindeglied

Der erste bekannte Urvogel ist 150 Millionen Jahre alt. Seine Versteinerung wurde auf einer Kalksteinplatte in der Nähe von Solnhofen (Süddeutschland) entdeckt und *Archaeopteryx* genannt. Obwohl er einem Reptil glich, besaß er doch Federn, sogar einen langen gefiederten Schwanz. Der Fund war so ungewöhnlich, dass viele Menschen ihn für eine Fälschung hielten, aber schließlich fand man noch andere Exemplare dieser Art.

*Archaeopteryx* ist das Bindeglied, eine Übergangsform zwischen Reptilien und Vögeln. Möglicherweise konnte er schlecht fliegen und flatterte und glitt von Baum zu Baum. An der Vorderkante seiner Flügel besaß er kleine Krallen, Überreste der Vorderbeine der Reptilien. Mit ihnen konnte er sich an Äste klammern und auf Bäume klettern.

### Vögel, die nicht fliegen können

Viele Vögel haben ihre Flugfähigkeit verloren. Besonders Arten, die in relativer Abgeschiedenheit und Sicherheit ohne natürliche Feinde auf einer Insel lebten, wurden groß, langsam und schwerfällig. Der auf Neuseeland lebende *Dinornis*, auch „Moa" genannt, war der größte Vogel aller Zeiten. Er übertraf sogar den bis zu drei Meter hohen Elefantenvogel, der auf Madagaskar lebte. Beide Vögel waren völlig schutzlos, als der Mensch, zusammen mit Ratten und Hunden, ihre Heimatinseln erreichte, und so starben sie aus.

DINORNIS (MOA)

AEPYORNIS (ELEFANTENVOGEL)

37

## Intelligente Dinosaurier

Eine Gruppe der am spätesten entstandenen Dinosaurier war wahrscheinlich auch die klügste. Ähnlich wie Strauße besaßen sie kleine Köpfe und Schnäbel, ein Paar langer, kräftiger Laufbeine und einen Schwanz, der als Gegengewicht den Körper ausbalancierte. Ihre Vorderbeine waren als Greifklauen ausgebildet. Mit großen Augen suchten sie nach Eidechsen, Blättern und Früchten. Ihre Geschwindigkeit und Beweglichkeit mag auch verhindert haben, dass sie beim Ausrauben von Dinosauriernestern ergriffen wurden. Das größte, vollständigste Skelett, mit einer Länge von vier Metern, gehörte *Gallimimus* aus der Mongolei/Zentralasien. (Beachte auch rechts *Ornithomimus*.)

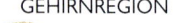

GEHIRNREGION

SCHÄDEL EINES SAURORNITHOIDES

Die Herrschaft der „Schreckensechsen", der Dinosaurier, dauerte annähernd 150 Millionen Jahre. Während dieser Zeit waren sie die bei weitem größten, angriffslustigsten und stärksten Landbewohner. Die anderen Tiere dieser Zeit gingen ihnen einfach aus dem Weg und versteckten sich in Felsspalten, Erdhöhlen oder, wie die Krokodile, in Flüssen. Vor etwa 65 Millionen Jahren jedoch starben die Dinosaurier aus.

Die letzten Dinosaurier gehörten gleichzeitig zu den bemerkenswertesten. *Ankylosaurus* hatte die Panzerung weiterentwickelt. An seinen Flanken standen Dornenreihen, während sein Körper mit dicken Knochenplatten bedeckt war. Am Ende seines Schwanzes befand sich eine schwere Keule aus Knochen.

Seit der Frühzeit der Dinosaurier hatte sich das Klima Nordamerikas verändert. Der größte Teil des Landes war nun dicht bewaldet. Diese sumpfigen Dschungelgebiete waren die Heimat der Entenschnabelsaurier, wie z. B. der Hadrosaurier. Doch diese Bedingungen waren keineswegs ideal für einen der letzten langhalsigen Dinosaurier, den 21 Meter großen *Alamosaurus*, der in den trockeneren, offenen Ebenen lebte.

**Viele kleine Landsäugetiere überlebten die Katastrophe, die die Dinosaurier auslöschte. Sie ernährten sich von Insekten und toten Kleintieren und fanden Schutz, indem sie sich in die Erde eingruben oder in Felslöchern versteckten.**

ZALAMBDALESTES

## Die letzten Dinosaurier

Hadrosaurier, auch Entenschnabelsaurier genannt, gehörten zu den häufigsten der letzten Dinosaurier. Ihr charakteristisches Merkmal ist ein großer, fester Knochenhöcker auf der Nase. Ihre Mäuler waren dafür gebaut, die fasrigen neuen Blütenpflanzen und Bäume zu zerkauen, die vor einigen Millionen Jahren die Vorherrschaft in den Wäldern der Erde übernommen hatten.

*Parasaurolophus* war einer der ungewöhnlichsten Hadrosaurier. Auf seinem Kopf saß ein bis zu 1,8 Meter langer, hoher Knochenkamm, mit dem er vielleicht anderen, im Unterholz versteckten Dinosauriern trompetende Rufe zukommen ließ.

Herden von Hadrosauriern könnten die Hauptbeute des Furcht erregenden *Tyrannosaurus* gebildet haben. Sein mächtiger

ORNITHOMIMUS

TRICERATOPS

HADROSAURUS

SPINOSAURUS

TYRANNOSAURUS

Kopf saß auf einem Hals mit kräftigen Muskeln, seine Kiefer waren mit 15 Zentimeter langen, gebogenen Dolchzähnen ausgestattet. Da er nur zu kurzen Spurts fähig war, nutzte er das Überraschungsmoment, versteckte sich im Wald und stürzte sich mit geöffnetem Rachen auf seine nichts ahnende Beute.

Einer der wenigen Pflanzen fressenden Dinosaurier, die in einem Kampf mit *Tyrannosaurus* eine Chance gehabt haben, war *Triceratops*. Gegner rammte er mit seinem mächtigen Kopf, der mit einem Knochenkragen umrahmt und von drei kräftigen, nach vorne gerichteten Hörnern gekrönt war.

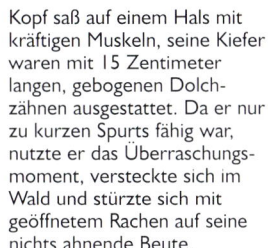

ALAMOSAURUS

PARASAUROLOPHUS

ANKYLOSAURUS

## Das Ende der Dinosaurier

Die meisten Dinosaurier waren große Tiere und konnten einen zeitweiligen Verlust ihrer Nahrungsquellen nur schwer verkraften. Die mächtigen Pflanzenfresser wären als erste verhungert, wenn die Wälder verschwunden wären, und ohne das Fleisch der Dinosaurier wären ihnen die Raubtiere schnell gefolgt. Zudem waren Dinosaurier der Kälte schlecht angepasst. Das Ende der „Schreckensechsen" wurde durch eine Umweltveränderung hervorgerufen – aber eine von ungewöhnlichem Ausmaß.

Man kann einige Aussagen über das machen, was geschah, wenn man sich die Tiere ansieht, die noch existierten, als alle Dinosaurier bereits ausgestorben waren. Die Überlebenden waren kleine Landtiere und Verwandte der Dinosaurier, die Krokodile. Pterosaurier starben aus, aber Vögel, mit ihrem wärmenden Gefieder, überlebten.

Die Antwort auf die Frage, was geschah, stammt möglicherweise aus dem Weltall. Wahrscheinlich stieß ein Meteorit, ein Felsbrocken von 20 Kilometern Durchmesser, mit der Erde zusammen. Eine solche Kollision kann zu weltweiten Bränden geführt haben. Für ein Jahr oder mehr mag die Atmosphäre dermaßen mit Staub und Rauch gefüllt gewesen sein, dass selbst in den tropischen Wäldern tiefer Frost herrschte.

 STELLEN, AN DENEN METEORITE DIE ERDE GETROFFEN HABEN

### Der Beweis im Fels

Überall auf der Erde, in der sich zu der Zeit, als die Dinosaurier ausstarben, auf dem Meeresboden Sedimente ablagerten, findet man Holzkohlestückchen, die von ausgedehnten, Kontinente umfassenden Waldbränden stammen. Zudem kommen hier auch Felsstücke vor, die in sich völlig zerborsten sind, vermutlich aufgrund einer gewaltigen Explosion. Möglicherweise schlug der Meteorit in der Nähe des Karibischen Meeres ein. Hier rasten riesige Flutwellen, Hunderte von Metern hoch, über das Land und trugen mächtige Felsbrocken mit sich.

HOLZKOHLEABLAGERUNG

# DIE SÄUGETIERE

HEUTE

100
200
300
400
500
600

VOR 65–25 MILLIONEN JAHREN

Vor 65 Millionen Jahren war es auf dem Land
ungewöhnlich still. Das Donnern und Trompeten
der großen Dinosaurier war verstummt. An ihrer
Stelle kamen kleine Tiere, nicht größer als Mäuse, aus
ihren Löchern und Höhlen und begannen die leere
Welt zu übernehmen. Diese Lebewesen waren die
Säugetiere. Während 150 Millionen Jahren, als die
Dinosaurier vorherrschten, konnten sie nur
überleben, indem sie klein blieben, sich in Erdlöchern
versteckten und meist nachts jagten und fraßen. Als
die Pflanzen sich nach der Katastrophe, die den Tod
der Dinosaurier zur Folge hatte, erholten, wurden
diese kleinen Tiere langsam größer und entwickelten
sich zu den Vorfahren der bekanntesten, heute
lebenden Tiere: vom Wal bis zum Löwen, von der
Kuh bis zum Menschen.

Die Säugetiere bekamen lebende Junge, die mit
Muttermilch genährt wurden. Dies war eine ebenso
revolutionäre „Erfindung" der Evolution wie das
Ei bei den Reptilien. Sie stellte sicher, dass die
Jungtiere den gefährlichen Weg von der Geburt bis
zum Erwachsenwerden überlebten. Anders als die
Reptilien, konnten die Säugetiere ihre Körperwärme
unabhängig von der Außentemperatur konstant
halten. Ähnlich wie bei den Vögeln, die Federn
bekommen hatten, um sich warm zu halten,
entwickelten sich bei den Säugern aus den
Reptilschuppen Haare.

MIACIS

PURGATORIUS

ZALAMBDALESTES

ZALAMBDALESTES

### Die ersten Säugetiere

Die Ursäuger entwickelten
sich vor 250 Millionen Jahren
aus Reptilien. Sie lebten zur
gleichen Zeit wie die ihnen
verwandten Archosaurier,
Vorfahren der Dinosaurier.
Den ersten echten Säuger
kennt man aus einer Zeit vor
200 Millionen Jahren: ein Tier
von Spitzmausgröße mit
einem relativ großen Gehirn,
das nachts Insekten jagte.
Während der nächsten

100 Millionen Jahre gab es
eine ganze Anzahl von
Säugetierarten, alle recht
klein. Eine, die ungefähr zur
Zeit des Aussterbens der
Dinosaurier lebte, war
*Zalambdalestes*. Mit seiner
langen Schnauze glich er einer
Spitzmaus und ernährte sich
möglicherweise von Insekten.

## Die Ausbreitung der Säuger

Nachdem alle Dinosaurier verschwunden waren, begannen die Säugetiere größer zu werden. *Ptilodis* glich einem heutigen Eichhörnchen, *Miacis* ähnelte einem Baummarder, *Purgatorius* war möglicherweise ein Insekten fressender Vorfahr der Affen und des Menschen.

Eine gesonderte Gruppe, die Beuteltiere, könnte zuerst in Südamerika aufgetaucht sein, wo auch heute noch viele Formen leben. Ihre Blüte erlebten sie aber in Australien. Der Grund hierfür ist, dass vor 100 Millionen Jahren Australien, Indien, Afrika, Südamerika und Antarktika Teile eines Superkontinents waren. Als dieser zerbrach, drifteten seine einzelnen Teile mitsamt ihrer Fracht aus Tieren und Pflanzen auseinander. Die Beuteltiere Australiens wurden von allen später entstandenen Säugetierformen völlig isoliert (*siehe Karte*).

### Heute lebende, reptilienähnliche Säuger

In Australien finden wir auch heute noch zwei Tiere, die auf halbem Weg zwischen Säugetier und Reptil zu stehen scheinen. Das Schnabeltier, mit seinem Entenschnabel, und der stachlige Ameisenigel tragen wie andere Säuger auch Haare, legen aber wie Reptilien Eier. Sie säugen ihre Neugeborenen mit Milch aus Schweißdrüsen auf dem Bauch der Mutter. Diese sind der Ursprung der Zitzen.

DIE AUSBREITUNG DER BEUTELTIERE VOR ETWA 65 MILLIONEN JAHREN

HEUTIGE LAGE DER KONTINENTE

KONTINENTALSCHELF

MEER

AUSBREITUNG DER BEUTELTIERE

PTILODUS

PLESIADAPIS

PROCOPTODON

BORHYAENA

DIPROTODON

THYLACOLEO

### Australische Beuteltiere

Die ursprünglichen Beuteltiere gebaren Junge, die so hilflos waren, dass sie in einer tiefen Hautfalte, dem Beutel, solange mit Muttermilch genährt werden mussten, bis sie groß genug waren, um sich alleine zu versorgen. Auf ihrem isolierten Inselkontinent entwickelten Beuteltiere nahezu dieselbe Formenvielfalt wie auf den anderen Kontinenten die großen (plazentalen) Säugetiere (*siehe Seiten 44–45*). Es gab katzenähnliche Formen wie *Thylacoleo*, ein ausgestorbener „Beutellöwe", „Beutelmäuse", „Beutelmaulwürfe", und bis 1933, als der letzte in Tasmanien erschlagen wurde, „Beutelwölfe". Vor nur 40 000 Jahren lebte ein Beuteltier in der Größe und Form eines Nashorns, *Diprotodon*.

Einige Beuteltiere, wie der Koala und der mausgroße Honigbeutler, sind einzigartig. Die bekanntesten australischen Beuteltiere sind Kängurus. Ihr größter Vertreter, *Procoptodon*, ist heute ausgestorben.

# DAS KLIMA DER VORZEIT

### Reise nach Süden

Vor 50 Millionen Jahren war Antarktika warm und dicht bewaldet. Als der Kontinent südwärts trieb, starben die Bäume. Schließlich, vor etwa 15 Millionen Jahren, schmolz der Schnee nicht einmal mehr im Sommer, und das ganze Land wurde von Eis bedeckt. Dieser eisgepanzerte Kontinent kühlte die gesamte Erde ab und führte in den letzten Jahrmillionen zu Eiszeiten, in denen sich das Klima rund um den Globus dramatisch veränderte. Zu weiteren Eiszeiten kam es, wenn Kontinente über die Pole wanderten.

Heute sind Klimata und Temperaturen auf der Erde anders als vor hundert Millionen Jahren. Verschiedene Klimazonen zwischen dem Äquator und den Polen hat es schon immer gegeben. Jedoch existierten während der letzten 600 Millionen Jahre keine Eiskappen, wie sie heute auf Antarktika und Grönland liegen, und auf der Erde war es erheblich wärmer. In dieser Zeit herrschten warme, subtropische Bedingungen bis in Gebiete Nordamerikas und Europas. Während der letzten 50 Millionen Jahre ist die Erde insgesamt kälter geworden. Die Verbreitung nordamerikanischer Pflanzen lässt den Schluss zu, dass vor etwa 40 Millionen Jahren die Durchschnittstemperaturen plötzlich stark zurückgingen. In dieser Zeit verschwanden die subtropischen Wälder, die große Teile Europas und Nordamerikas bedeckten, und wurden durch Laubwälder ersetzt, die heute typisch sind.

### Pangäa, der Superkontinent

Vor 400 bis 250 Millionen Jahren gehörten fast alle heutigen Kontinente zu einem einzigen Superkontinent, Pangäa genannt. Das Zentrum dieser riesigen Landmasse lag nahe am Äquator. Die Temperaturen waren möglicherweise höher als irgendwo heutzutage auf der Erde, so hoch, dass hier nur wenige Tiere und Pflanzen leben konnten.

In den Wüsten unserer Tage müssen sowohl Tiere als auch Pflanzen Wasser speichern, um zu

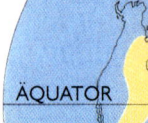

ANTARKTIKA VOR 50 MILLIONEN JAHREN

### DIE ERDE VOR 230 MILLIONEN JAHREN

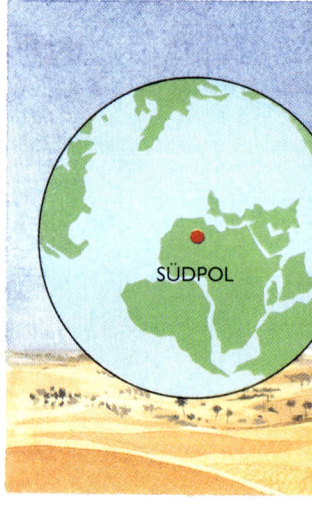

SÜDPOL

ANTARKTIKA HEUTE

### Heiße und kalte Winde

Die Erde ist von einer Lufthülle umgeben, die nur knapp 100 km mächtig und in steter Bewegung ist. In Äquatornähe steht die Sonne hoch am Himmel und erhitzt sowohl die Erde als auch die Luft. Nahe den Polen steht die Sonne nie so hoch und ist auch nicht so stark. In der Mitte des Winters geht sie für mehrere Monate überhaupt nicht auf. Diese Temperaturunterschiede sind der Motor der Windbewegungen auf der Erde. Äquatornahe Gebiete sind während des ganzen Jahres sehr warm, Arktis und Antarktis bleiben stets sehr kalt. Heiße, leichte Luftmassen steigen über dem Äquator auf und fließen nord- und südwärts. Kalte, schwere Luft von den Polen bewegt sich in Bodennähe äquatorwärts. Auf halbem Weg zwischen Polen und Äquator treffen sich Kalt- und Warmluft, was zum äußerst wechselhaften und komplizierten Wettergeschehen in den mittleren Breiten führt.

überleben. Kakteen besitzen sehr tief reichende Wurzeln, um Wasseradern tief unter der Erde anzuzapfen. Für die meisten Säuger sind Wüstentemperaturen zu heiß, Vögel tun sich da leichter. Reptilien, wie Eidechsen und Schlangen, die ja Wärme für ein perfektes Funktionieren ihres Körpers benötigen, überleben ebenfalls (siehe Seiten 28-29). Die giftigsten Schlangen und Insekten sind Wüstenbewohner, weil hier Nahrung so kostbar ist, dass sie es sich nicht leisten können, sie entkommen zu lassen.

HEUTIGE LAGE DER KONTINENTE

☐ LAND

☐ MEER

## Die Eiszeiten

Die älteste Eiszeit, die bis heute geologisch gesichert ist, ereignete sich vor 2,3 Milliarden Jahren. Andere kennt man aus der Zeit vor 900, 750 und 600 Millionen Jahren. Vor 450 Millionen Jahren, als Afrika nahe dem Südpol lag, war das Gebiet der Sahara mit einer Eiskappe bedeckt.

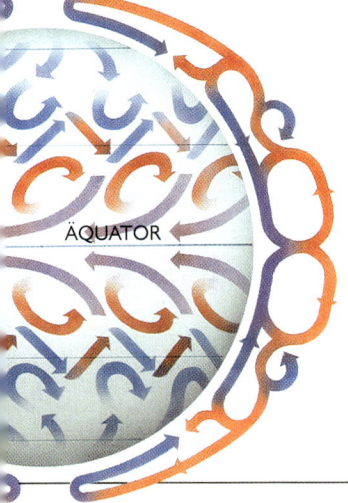

**SCHEMA DER WINDVERTEILUNG**
NORDPOL

ÄQUATOR

SÜDPOL

Über viele Jahre gemittelt, ergeben die Messungen von Temperatur und Niederschlag, die wir als „Wetter" bezeichnen, das Klima eines Gebiets. Pflanzen reagieren sehr empfindlich auf das Klima, manche mögen es kühler, und manche lieben es heiß. Das Klima, das Pflanzen „registrieren", ist nicht einfach der Mittelwert von Temperatur und Niederschlag. Sie reagieren besonders empfindlich auf Extremwerte, und oft reichen schon ein einziger harter Frost oder eine einzige längere Dürre, um sie zu töten.

Tiere sind vom Klima ähnlich abhängig wie Pflanzen. Wenn die Pflanzen absterben, werden auch die Tiere, die von ihnen leben, verhungern und ebenso die Raubtiere, die diese Pflanzenfresser erbeuten.

Der heiße und feuchte tropische Regenwald ist der vielfältigste Lebensraum auf der Erde, sowohl was Menge als auch was Artenzahl der Tiere und Pflanzen betrifft. Einige Pflanzen wurzeln sogar hoch im Blätterdach der Bäume, wo Affen und Papageien zu Hause sind.

**NORDAMERIKA VOR 350 MILLIONEN JAHREN**

ÄQUATOR

**NORDAMERIKA HEUTE**

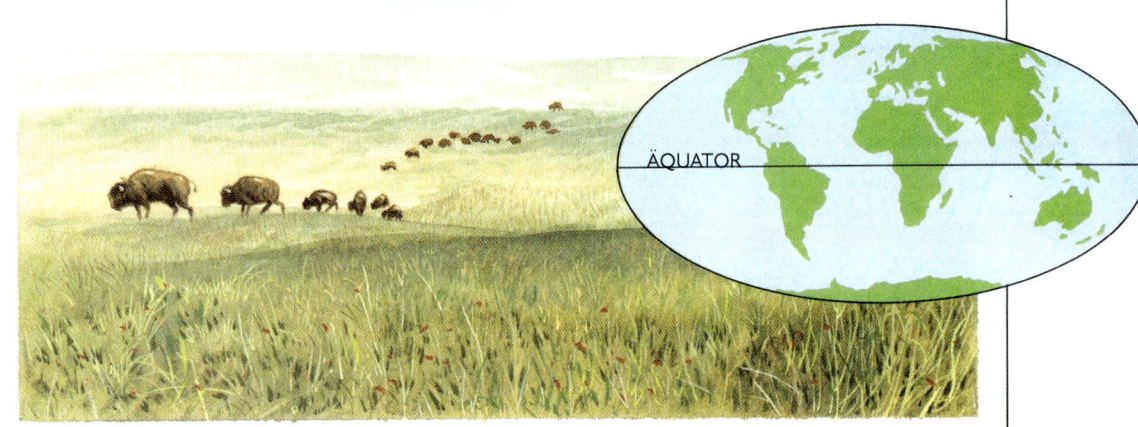

ÄQUATOR

## Wanderung nach Norden

Bis vor etwa 100 Millionen Jahren bildeten Nordamerika und Europa einen gemeinsamen Kontinent. Dieser hatte sich im Verlauf der vorangegangenen 400 Millionen Jahre meist nordwärts bewegt und dabei mehrere Klimazonen passiert. Vor rund 400 Millionen Jahren, als das Gebiet südlich des Äquators lag, gab es hier verbreitet Wüsten. Dann, als der Kontinent vor etwa 350 Millionen Jahren den Äquator passierte, vermoderte tropischer Regenwald zu dicken Kohleflözen. Während der Zeit der Herrschaft der Dinosaurier, vor 300 bis 65 Millionen Jahren, glich das Klima dem des heutigen Mittelmeergebiets.

### Die Zahnarmen

In Südamerika entstand eine eigenartige Gruppe der plazentalen Säugetiere, die „Edentaten" oder „Zahnarmen". Zu dieser Gruppe gehören Ameisenbären, Gürteltiere und Faultiere.

Gürteltiere gibt es seit rund 60 Millionen Jahren. Ihre Haut bildete mehrere Reihen von hornigen, gegeneinander beweglichen „Gürteln", die einen beachtlichen Schutz darstellen. Riesenformen der Gürteltiere, die *Glyptodonten*, erreichten die Größe eines Autos. Bodenlebende Faultiere waren die Ahnen der heute auf Bäumen lebenden Formen, die in Zentral- und Südamerika vorkommen. Die am Boden lebenden Faultiere aber wurden wesentlich größer, *Glossotherium* erreichte vier Meter Länge.

Der älteste Ameisenbär wurde in der Kiesgrube Messel bei Darmstadt in 40 Millionen Jahre alten Schichten gefunden. Das Tier besaß kräftige Klauen, eine lange Schnauze und eine noch längere Zunge. Heute findet man ähnliche Lebewesen nur noch in Südamerika.

**FAULTIER:**
GLOSSOTHERIUM

**AMEISENBÄR:** EUROTAMANDUA

**GÜRTELTIER:**
GLYPTODON

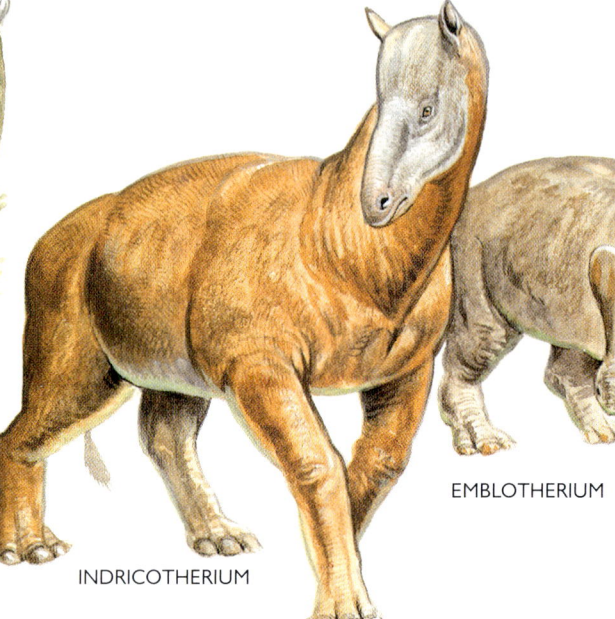

EMBLOTHERIUM

INDRICOTHERIUM

DIACODEXIS

### Der Artenreichtum der Säugetiere

Vor etwa 30 Millionen Jahren lebte *Hesperocyon*, ein Fleisch fressender Vorfahr der heutigen Schakale, Wölfe und Hunde. Zur gleichen Zeit jagte *Nimravus*, eine leopardenähnliche Katze, in den Wäldern Nordamerikas und Europas. Vor 50 Millionen Jahren lief der annähernd kaninchengroße *Diacodexis* durch die Wälder. Er war der Ahne der modernen Schweine und Flusspferde. Das Huftier *Eobasileus* trug sechs knochige Hörner und lebte vor etwa 40 Millionen Jahren. Sein Gehirn war nicht größer als das der Dinosaurier.

Den nächsten Schritt in der Entwicklung der Säuger findet man bei den plazentalen Säugetieren. Sie verringerten die Risiken, denen ihre Jungtiere ausgesetzt waren, noch mehr: In der Folge zeigte sich, dass plazentale Säugetiere darum erfolgreicher als Beuteltiere waren, und wo sie direkt miteinander konkurrierten, wie in Asien, Europa, Nordamerika und Afrika, starben die Beutler aus. Nur in Südamerika überlebten sie das Erscheinen der plazentalen Säugetiere, aber dieser Kontinent war für lange Zeit wie eine Insel isoliert – vergleichbar mit dem Zustand des heutigen Australiens. Schon früh in ihrer Entwicklungsgeschichte spalteten sich die plazentalen Säugetiere in verschiedene Gruppen auf. Einige der unverkennbarsten – Beuteltiere, Huftiere und Zahnarme – findet man wiederum in Südamerika.

### Plazentale Säuger

Bei den plazentalen Säugetieren verbleiben die Jungtiere viel länger im Körper der Mutter als bei den Beuteltieren. In der Gebärmutter werden sie von einem speziellen Organ, der Plazenta, mit Nahrung und Sauerstoff versorgt. Auf diese Weise werden die Jungtiere in der Zeit, in der sie noch sehr klein sind, geringeren Gefahren ausgesetzt und haben eine größere Chance, zu überleben.

AMPHICYON SÄUGT SEINE JUNGEN

44

Ein ähnlich groteskes Aussehen hatte *Emblotherium*, das wir aus dem Gebiet der Mongolei kennen. Das größte Landsäugetier, das je lebte, kam zu dieser Zeit in Asien vor. Es war *Indricotherium*, ein primitiver Verwandter der Nashörner. Es konnte in acht Metern Höhe über dem Boden Laub äsen und wog bis zu 30 Tonnen. Mit ihm lebte auch der größte Fleisch fressende Landsäuger aller Zeiten: der grimmige *Andrewsarchus*.

MOERITHERIUM

MESOHIPPUS

EOBASILEUS

HESPEROCYON

NIMRAVUS

ANDREWSARCHUS

Vor etwa 50 Millionen Jahren waren plazentale Säugetiere in Nordamerika, Europa und Asien erschienen. Viele glichen bereits den heutigen Formen, zu denen sie sich letztendlich entwickelten. Das Sümpfe liebende *Moeritherium*, verwandt mit den Vorfahren der Elefanten, wog nur etwa soviel wie ein Schwein. Es erlebte seine Blütezeit vor 40 bis 25 Millionen Jahren in Afrika. Dort fand man erst im Jahr 2003 sechs bisher unbekannte Säugetierarten. Darunter einen Vorfahren der heutigen Elefanten. Vor etwa 50 Millionen Jahren erschienen die ersten Pferde, die aber selbst voll ausgewachsen nur die Größe eines Lamms erreichten. Vor etwa 30 Millionen Jahren wurde das Klima in Nordamerika trockener. Das 60 Zentimeter große Pferd *Mesohippus* nutzte dies, verließ die Wälder und ging auf die grasbewachsenen Ebenen.

Mammuts, Säbelzahnkatzen, Bären, Kamele, Kaninchen, Wölfe, Pferde und Jaguare waren einige der Tiere, die von Nord- nach Südamerika wanderten.

*Glyptodonten*, Stachelschweine, Gürteltiere, Affen, Ameisenbären und Nagetiere gehörten zu den Tieren, die von Süd- nach Nordamerika wanderten.

## Säugetierwanderungen

Vor 3 Millionen Jahren, als sich eine ständige Landbrücke über Panama bildete, die Nord- und Südamerika miteinander verband, endete die Isolation Südamerikas. Über diese schmale Verbindung wanderten Tiere von Nord nach Süd und umgekehrt. Während sich die ursprünglichen Bewohner mit den Einwanderern zunächst nicht gegenseitig zu gefährden schienen, erwiesen sich die plazentalen Säuger aus dem Norden später als besser angepasst. Heute stammt die Hälfte der Säugetierformen Südamerikas ursprünglich aus dem Norden. Einige südamerikanische Formen, wie Gürteltier und Stachelschwein, leben heute auch in Nordamerika.

Die Säugetiere erwiesen sich als so erfolgreich, dass einige das Land verließen, um in der Luft oder im Wasser zu leben.

Als dritte Wirbeltiergruppe erhoben sich die Fledermäuse in die Lüfte. Sie folgten den bereits ausgestorbenen Pterosauriern und den Vögeln. Die Vögel waren allerdings schon äußerst erfolgreich, und es bestand für die Säugetiere kaum eine Chance, mit ihnen in Wettbewerb zu treten. Die Lösung war, einen Bereich der Luft zu besiedeln, den die meisten Vögel weit gehend gemieden hatten: den Nachthimmel.

Säuger hatten auch die Meeresküsten besiedelt. Über viele Generationen waren einige dabei immer bessere und schnellere Schwimmer geworden. Im fischreichen Meer fanden die Wale eine nahezu unerschöpfliche Nahrungsquelle und wurden schnell zu den größten Tieren auf der Erde.

## Die ersten Fledermäuse

Die kleinen, Insekten fressenden Säuger, die zusammen mit den Dinosauriern vorkamen, hatten eine wache Intelligenz und die Fähigkeit, sich nachts zu bewegen und zu jagen. Einige hatten durch Hautlappen zwischen den Fingern, die von Generation zu Generation immer weiter aufgespannt wurden, Flügel gebildet. Man weiß, dass Fledermäuse, wie *Icaronycteris*, schon vor etwa 50 Millionen Jahren existierten. Sie unterschieden sich von den heutigen Formen nur wenig. Bei Nacht orientieren sich Fledermäuse mithilfe von Ultraschall. Sie senden hohe Schreie aus und lauschen mit ihren empfindlichen Ohren sehr genau auf die zurückkommenden Echos. Diese Technik ist so ausgereift, dass Fledermäuse ein Bild ihrer Umgebung „hören" können, das ebenso genau ist, wie wenn sie es mit Augen gesehen hätten.

ICARONYCTERIS

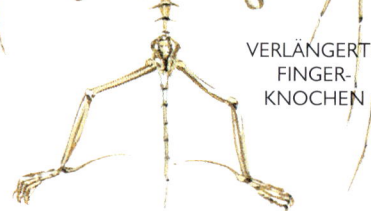

VERLÄNGERTE FINGER-KNOCHEN

SKELETT EINER FLEDERMAUS

BASILOSAURUS

PAKICETUS

PROTOCETUS

## Die ersten Wale

Die ersten fossilen Wale sind aus einer Zeit von vor 50 Millionen Jahren bekannt. Sie wurden nicht größer als Robben. *Pakicetus* war ein Fleischfresser mit scharfen Zähnen und kurzen Beinen, der wenigstens einen Teil seines Lebens an Land verbrachte. Innerhalb weniger Millionen Jahre waren die Hinterbeine bei Walen wie *Protocetus* immer kleiner geworden, während sich die Vorderbeine zu Flippern umwandelten. Vom Wasser getragen und über eine nahezu unerschöpfliche Nahrungsquelle verfügend, wurden die Wale enorm groß. *Basilosaurus*, der vor rund

40 Millionen Jahren lebte, erreichte eine Länge von 20 Metern.

Die Wale spalteten sich in zwei Gruppen auf. Die erste behielt ihre Zähne und entwickelte sich mit der Zeit zu Delfinen, Schweinswalen und dem Pottwal. *Eurhinodelphis*, der vor etwa 10 Millionen Jahren lebte, hatte eine verlängerte Schnauze, ähnlich einem Schwertfisch. In der zweiten Gruppe bildeten sich die Zähne zurück. An ihre Stelle trat ein Vorhang oder Geflecht aus hornähnlichem Material, den Barten, mit denen die Wale das Wasser nach kleinen Krebstieren durchseihten.

## Gleitflieger

Die erste Form von „Flug", den die Säugetiere erlernten, war das Gleiten mithilfe von zwischen Beinen und Körper aufgespannten Hautlappen. Gleitflug ist eine brauchbare Methode, um von Baum zu Baum zu gelangen, und hilft zudem, Feinden auf dem Boden aus dem Weg zu gehen. Man glaubt, dass gleitfliegende Tiere, wie *Planetetherium*, vor etwa 50 Millionen Jahren lebten. Zwei Nachfahren von ihnen, die Riesengleiter, leben im Südostasien unserer Tage. Diese eichhörnchengroßen Tiere können mehr als 100 Meter im Gleitflug zurücklegen.

PLANETETHERIUM

EURHINODELPHIS

## SCHON GEWUSST ?

Die nächsten lebenden Verwandten der Elefanten sind Seekühe. Sie gingen vor 50 Millionen Jahren ins Meer zurück. Heute leben Seekühe in seichten Küstengebieten der Tropen.

PALEOPARADOXIA

*Paleoparadoxia* sah wie ein Flusspferd aus und lebte an der Westküste Nordamerikas.

HYDRODAMALIS

## Bartenwale

CETOTHERIUM

**C**etotherium, ein ausgestorbener Bartenwal, der vor 10 Millionen Jahren lebte, war nur vier Meter lang. Erstaunlich, dass sich aus ihm das größte jemals auf der Erde lebende Tier, der bis zu 30 Meter lang werdende Blauwal entwickelt hat. Dieser lebt von der gewaltigen Menge des krabbenähnlichen Krills, den man in den südlichen Meeren findet.

## Andere Meeressäugetiere

Robben sind mit Hunden und Katzen verwandt. Sie entwickelten sich möglicherweise aus einem otterähnlichen Lebewesen, das vor rund 30 Millionen Jahren in den Meeren rund um Europa ins Wasser ging. *Enaliarctos* lebte vor rund 20 Millionen Jahren. Seine Beine ähnelten noch denen eines Otters, die Augen und der Kopf aber schon denen eines Seelöwen. *Imagotaria* lebte vor 10 bis 5 Millionen Jahren an der Pazifikküste Nordamerikas. Es gehörte zu den Walrossen und benutzte seine Hauer, um Muscheln vom Meeresboden loszubrechen.

IMAGOTARIA

ENALIARCTOS

47

# DER MENSCH

HEUTE

100
200
300
400
500
600

VOR 25 MILLIONEN JAHREN
BIS HEUTE

Heute existieren rund 200 verschiedene Primaten auf der Erde. Meist leben sie auf Bäumen. Bewegliche Schultergelenke erlauben es ihnen, sich von Ast zu Ast zu schwingen, während Hände und Füße zum Greifen frei sind. Eng zusammenstehende Augen liegen auf der Vorderseite eines flachen Gesichts. Mithilfe seines großen Gehirns kann sich ein Primat schnell ein dreidimensionales Bild seiner Umgebung machen.

Primaten kümmern sich mehr um ihre Jungen als andere Säugetiere. Die Jungen verbleiben länger im Mutterleib und werden normalerweise einzeln geboren. Nach der Geburt besteht eine enge Mutter-Kind-Beziehung. Die Regeln, nach denen Primatengruppen zusammenleben, sind oft sehr kompliziert. Um die vielen Verhaltensweisen und Fertigkeiten, die für das Erwachsenendasein notwendig sind, zu lernen, haben Primaten eine relativ lange Kindheit.

Die frühesten Vorfahren der Primaten hatten sich schon von den anderen kleinen Säugetieren getrennt, als die Herrschaft der Dinosaurier zu Ende ging. Einer ihrer Ahnen war der eichhörnchenähnliche *Plesiadapis* (siehe Seite 41), der vor etwa 50 Millionen Jahren lebte und in Westeuropa und Nordamerika häufig vorkam.

## Aufrecht stehende Affen

Vor etwa 2 Millionen Jahren lebten in Ostafrika möglicherweise drei Arten des „aufrechten Affen", die sich vollständig voneinander unterschieden. Diese verschiedenen Formen des Frühmenschen lebten nebeneinander, mitunter bekämpften sie sich. Eine von ihnen war *Homo habilis*, der ein großes Gehirn besaß. Aus ihm entwickelte sich eine neue Form, *Homo erectus*.

**FRÜHMENSCHEN KÄMPFEN UM NAHRUNG**

HOMO ERECTUS

NECROLEMUR

## Primitive Primaten

Auf der vor der Ostküste Afrikas gelegenen Insel Madagaskar, einer Art „Arche für lebende Fossilien", haben sich einige primitive Lemuren erhalten, die schon vor 40 Millionen Jahren lebten. Lemuren sind kleine, scheue, nachtaktive Tiere mit großen Augen und buschigen Schwänzen. In Afrika überlebten sie in Konkurrenz mit den nach ihnen entstandenen aggressiveren Affen nicht (siehe Seiten 52–53).

NOTHARCTUS

AUSTRALOPITHECUS ROBUSTUS

## Die Affen

Die Affen entwickelten sich in zwei Gruppen: die vor allem in Südamerika lebenden Neuweltaffen und die in Afrika, Asien und Europa vorkommenden Altweltaffen. Die Affen der Neuen Welt, also Amerikas, benutzen ihren langen, beweglichen Schwanz als Extrahand. Aus den Altweltaffen Afrikas entwickelte sich eine Gruppe größerer Tiere, die wir als Menschenaffen bezeichnen.

TREMACEBUS

BRANISELLA

**NEUWELTAFFEN**

MESOPITHECUS

THEROPITHECUS

**ALTWELTAFFEN**

In der Gruppe der Menschenaffen, die vor 7 Millionen Jahren in Afrika lebte, kam es zu einer weiteren Aufspaltung der Evolutionslinie in Gorillas, Schimpansen und einer anderen Tierart, die gerade eine neue Fähigkeit erlernte: den aufrechten Gang. Aus versteinerten Fußabdrücken ist gesichert, dass affenähnliche Menschen schon vor mindestens 3,5 Millionen Jahren aufrecht umhergingen.

GORILLA    SCHIMPANSE    MENSCH

### Riesige Menschenaffen

Zwischen 20 und 10 Millionen Jahren vor unserer Zeit waren Menschenaffen in Afrika sehr häufig. Das Klima veränderte sich – der dichte Dschungel wich dem trockeneren Grasland der Savannen. Um in dieser neuen Umgebung zu überleben, mussten sie ihre Baum bewohnende Lebensweise aufgeben. Vor etwa 10 Millionen Jahren wanderten einige dieser bodenlebenden Menschenaffen nach Südasien. Einer von ihnen, *Sivapithecus*, ähnelte dem heutigen Orang-Utan. In China kam bis wenigstens vor einer Million Jahren *Gigantopithecus* vor, der einem mächtigen Gorilla von 2,5 Metern Größe ähnelte und 270 Kilogramm schwer wurde.

GIGANTOPITHECUS

### Elefanten und Mammuts

Ein eindrucksvolles Tier, das vor 8 Millionen Jahren, während der Eiszeit auf der Nordhalbkugel lebte, war *Platybelodon*, ein Verwandter der Elefanten. Er benutzte seine schaufelförmigen Stoßzähne, um Wasserpflanzen auszubaggern. *Anancus* besaß nach vorn gerichtete, drei bis vier Meter lange Stoßzähne. Als das Klima kälter wurde, wuchs den Tieren ein dichteres Fell, und sie entwickelten sich zu Mammuts, wie z.B. *Mammuthus columbi*.

MAMMUTHUS COLUMBI

PLATYBELODON

ANANCUS

Vor rund 15 Millionen Jahren begann die Erde abzukühlen. Über der Antarktis bildete sich eine mächtige Decke aus Eis und Schnee. Dies war der Beginn der Eiszeiten. Erstmals war es so kalt auf der Erde, dass Wasser zu Eis erstarrte. Während der letzten zwei Millionen Jahre wechselten die Umweltbedingungen alle hunderttausend Jahre von kalt zu warm und von feucht zu trocken. Während der kalten Perioden bedeckten Eisschilde weite Teile Europas, Kanadas und des Nordostens der USA. An ihren Rändern lag Tundra mit Dauerfrostböden und niedrigen, windzersausten Pflanzen. Doch zwischen diesen Kaltzeiten war das Klima sogar noch wärmer als heutzutage. Es war so heiß, dass in den Sümpfen des nördlichen Englands Flusspferde lebten.

### Säugetiere der Eiszeit

Vor etwa 30 000 Jahren, während des Höhepunktes der letzten Eiszeit, waren viele europäische Tiere sehr groß. Große Tiere haben im Verhältnis zu ihrer Körpermasse wenig Oberfläche, über die sie Wärme verlieren. Um sich während der langen, kalten Winter warm zu halten, besaßen Mammuts ein wolliges Haarkleid und eine dicke Fettschicht, die sie sich im Sommer auf reichen Weiden angefressen hatten. Mit den Stoßzähnen schoben sie den Schnee beiseite, um Pflanzen freizulegen. Neben ihnen lebten Wollnashörner und Höhlenbären, Löwen und

MAMMUT

WOLF

Die letzte Eiszeit endete vor 10 000 Jahren, aber das Klima ändert sich auch heute noch. Vor nur 6 000 Jahren streiften noch Giraffen und Elefanten über das Grasland, wo heute die Sahara liegt.

Der Verlauf der Evolution ist am dramatischsten, wenn sich die Umwelt verändert. Tiere und Pflanzen, die sich an bestimmte Bedingungen angepasst haben, sind gezwungen, sich neu anzupassen, oder sie gehen zu Grunde.

RIESENHIRSCH (MEGALOCEROS)

## Schwankungen des Meeresspiegels

Als Schnee auf die Kontinente fiel, wuchsen die Eisschilde bis zu vier Kilometer Dicke heran und banden so viel Wasser aus den Meeren. Als Folge sank der Meeresspiegel um etwa 130 Meter. Inseln bekamen eine Verbindung zum Festland. Zwischen Sibirien und Alaska bildete sich eine Landbrücke über die Beringstraße. Zu den Tieren, die über diese Landbrücke Nordamerika verließen, gehören das Pferd, das Kamel und der Luchs. Einwanderer nach Nordamerika waren Mammut, Bison, Dickhornschaf, Schneeziege und Moschusochse. Vor rund 20 000 Jahren wanderten auch Menschen aus Sibirien über die Tundra nach Amerika.

EISSCHILDE

LAND

BERING-LANDBRÜCKE

SIBIRIEN

NORD-AMERIKA

Säbelzahnkatzen. Da sie sowohl im Sommer als auch im Winter Beute schlagen konnten, besaßen sie zwar ein dichteres Fell, aber keine besondere Fettschicht darunter. Auch die Hirsche entwickelten eine Riesenform. Der größte Hirsch war *Megaloceros*. Er war bis zu 2,5 Meter lang, und sein Geweih, das jedes Jahr ersetzt wurde, hatte eine Spannweite von bis zu 3,7 Metern und wog 100 Kilogramm. *Megaloceros* war dem Leben in der kalten Tundra gut angepasst, hatte aber Schwierigkeiten, sich durch die Wälder zu bewegen, die nach dem Ende der letzten Eiszeit zurückkehrten. Wie auch die Mammuts, starb er vor 10 000 Jahren aus. Auch die Säbelzahnkatzen verschwanden, möglicherweise, weil ihre Beutetiere ausstarben.

HÖHLENBÄR

WOLLHAARIGES NASHORN

SÄBELZAHNKATZEN

## Höhlenmalereien

Hervorragende Darstellungen des Lebens während der Eiszeit sind Bilder, die in Frankreich und Nordspanien an Höhlenwänden gefunden wurden. Sie wurden von Männern und Frauen gezeichnet, die vor 30 000 bis 10 000 Jahren lebten. Sie zeigen Mammuts, Nashörner, Pferde, Urrinder, Hirsche, Löwen und Bären.

## Opfer des Menschen

Zum Ende der letzten Eiszeit erwuchs den Tieren ein neuer Konkurrent: der Mensch. Wahrscheinlich wurde eine Anzahl von Tieren, wie z. B. *Megatherium*, durch die Jagd ausgerottet. Die Furcht, die viele Lebewesen heute vor dem Menschen haben, mag während der letzten Jahrtausende erworben worden sein. Tiere, die keine Angst hatten, endeten im Kochtopf!

MEGATHERIUM

# DAS LEBEN AUF INSELN

### Die Bäume von St. Helena

Die Samen der meisten Bäume sind zu groß und schwer, um über lange Strecken vom Wind getragen zu werden, und zu empfindlich, um eine längere Reise im Wasser zu überleben. Wenn es auf einer Insel keine Bäume gibt, können kleinere Pflanzen baumähnliche Formen entwickeln. Auf der Insel St. Helena, im Atlantik, haben Verwandte der Sonnenblume und des

**D**as Leben auf Inseln führte zu einigen der eigentümlichsten Experimente der Evolution auf der Erde. Die meisten ozeanischen Inseln waren ursprünglich Unterwasservulkane und entstanden, als sich geschmolzenes Gestein aus dem Erdinnern zu einer Plattform über den Wellen verfestigte. Viele Inseln liegen so weit vom Festland entfernt, dass Pflanzen und Tiere nur durch Zufall an ihre Strände gelangen können. Je größer die Entfernung, desto geringer die Chance, dass ein Lebewesen die Reise schafft. Auf sehr weit abgelegenen Inseln kann daher eine Vielfalt von neuen Pflanzen und Tieren angetroffen werden.

Einige wenige Inseln, wie Neuseeland, Madagaskar und die Seychellen im Indischen Ozean, sind nicht vulkanischen Ursprungs, sondern abgebrochene Teile des benachbarten Festlands. Einige der hier lebenden Tiere und Pflanzen sind „lebende Fossilien", die heute auf dem Festland ausgestorben sind.

HAWAII

GALÁPAGOS-INSELN

DREI BAUMFORMEN VON ST. HELENA

Löwenzahns, genannt *Compositae* oder Korbblütler, fünf Baumformen entwickelt, die zwischen vier und sechs Meter hoch werden. Die Abbildung zeigt drei der fünf Typen.

### Zwergformen auf Inseln

Um mit dem geringen Nahrungsangebot auf einer Insel auszukommen, entwickelten große Tiere manchmal kleinere Formen. Dies geschah während der letzten Million Jahre auf einigen Inseln des Mittelmeergebiets. In Zeiten, in denen der Meeresspiegel niedriger

war, wanderten Elefanten und Flusspferde aus Afrika und Europa auf die Inseln. Als der Meeresspiegel stieg, konnten sie nicht mehr zurück. Um zu überleben, entwickelten sie kleinere Formen, nicht mehr als rehgroß.

Der Mensch führte das Shetland-Pony auf die windumtosten Shetland-Inseln im Norden Schottlands ein. Wegen des schlechten Nahrungsangebots wurde es mit der Zeit kleiner.

### Die Galápagosinseln

Berühmte Beispiele für Inselformen findet man auf den Galápagosinseln, 600 Kilometer vor der Küste Südamerikas, in der Nähe des Äquators. In den drei Millionen Jahren ihres Bestehens haben sich auf den Inseln einige Reptilien angesiedelt – darunter Schildkröten, die sich zu Riesenformen entwickelt haben, Schlangen und die großen Meerechsen, die einen Teil ihres Lebens im Meer verbringen.

ELEPHAS FALCONERI WURDE WENIGER ALS 1 METER HOCH.

### Anpassung an das Inselleben

Nachdem ein Insekt oder Vogel eine Insel erreicht hat, können die Flügel überflüssig werden, wenn es hier keine natürlichen Feinde gibt, denen es zu entkommen gilt. Fluginsekten können durch Anpassung zu flügellosen Formen werden. Vögel werden größer und flugunfähig, wie der Dodo auf Mauritius und der Moa auf Neuseeland (siehe Seiten 36-37).

MEERECHSE VON DEN GALÁPAGOS-INSELN

DODO VON MAURITIUS

Die Pflanzen, die eine Insel im Meer erreichen, besitzen entweder Samen, die so leicht sind, dass sie vom Wind getragen werden können, oder solche, die im Wasser treiben, wie die Nüsse der Kokospalme. Dass große Tiere eine weit entfernte Insel erreichen, ist wenig wahrscheinlich, doch kleinere können auf schwimmenden Baumstämmen weite Strecken zurücklegen. Wenn auf der Insel genügend Nahrung vorhanden ist, können kleine Tiere größer werden. In Indonesien ist es großen Raubtieren nicht gelungen, die Inseln Komodo und Flores zu erreichen. Eine kleine Eidechse jedoch, die die Überfahrt geschafft hatte, entwickelte sich zum Komodo-Waran, der die Größe eines Krokodils erreichen kann.

MITTELMEER

FLORES

KOMODO

MADAGASKAR

ST. HELENA

MAURITIUS

INSEKTENFRESSER

MEGALADAPIS, DER GRÖSSTE ALLER LEMUREN, IST HEUTE AUSGESTORBEN.

INSEKTENFRESSER

SAMENFRESSER

SAMEN- UND FRUCHTFRESSER

FINKEN VON HAWAII

INSEKTENFRESSER

## Die Finken von Hawaii

Die abgelegensten Inseln im Pazifik gehören zur Inselkette von Hawaii, 3 200 Kilometer von Nordamerika und 5 500 Kilometer von Japan entfernt. Sie sind Vulkane, die vom Meeresgrund aufragen. Weder Amphibien noch Reptilien erreichten die Inseln, und das einzige Säugetier ist eine

Fledermaus. Vor der Ankunft des Menschen gab es auf Hawaii noch nicht einmal Ameisen! In der gesamten Geschichte der Inseln, über die letzten zehn Millionen Jahre hinweg, erreichte nur fünfzehn Mal ein Vogelpaar die Inseln. Aus ihnen haben sich alle Vögel entwickelt, die heute auf Hawaii leben. Von

einem Finkenpaar aus Nordamerika stammt eine Vielfalt verschiedener Finkenarten ab, die sich vor allem durch ihre Schnäbel unterscheiden. Die einen entwickelten sich zu Samenfressern, die anderen vertilgen Insekten, die sie mit spitzem Schnabel aus der Rinde der Bäume holen.

## Zuflucht auf Madagaskar

Die große Insel Madagaskar war einst Teil Afrikas, löste sich aber vor mehr als

100 Millionen Jahren vom Festland und driftete nach Osten. Während einer langen Zeitspanne wanderten Tiere und Pflanzen zwischen Madagaskar und Afrika hin und her, möglicherweise über eine dazwischen liegende Inselkette. Vor 20 bis 30 Millionen Jahren wurde diese Verbindung unterbrochen. Frühe Primaten, wie Lemuren, waren auf der Insel abgeschnitten. Auf dem afrikanischen Kontinent wurden die Lemuren von den besser angepassten Affen verdrängt und starben aus. Die Affen aber erschienen zu spät, um die Reise nach Madagaskar zu schaffen. Daher konnten die Lemuren hier bis zum heutigen Tage überleben.

53

Nahezu nichts in der Erdgeschichte hatte solch dramatische Auswirkungen auf das Zusammenleben von Tieren und Pflanzen wie der plötzliche und schnelle Bevölkerungszuwachs einer einzigen Tierart: des *Homo sapiens.* Dieser unglaubliche Anstieg der menschlichen Bevölkerung wurde nur möglich, weil der Mensch die Pflanzen und Tiere in Kultur nahm, die die beste Ausbeute an Nahrung boten, und alle Mitbewerber ausschaltete. Ein afrikanischer Buschmann lebt von der Nahrungsmenge, die auf einem Quadratkilometer wächst. Dieselbe Fläche aber kann 2 000 Personen ernähren, wenn sie intensiv bewirtschaftet wird.

## Der Sinn der Landwirtschaft

Der Ackerbau dient der Vergrößerung der verfügbaren Nahrungsmenge. Dies wiederum ermöglicht die Ausbreitung der menschlichen Bevölkerung. Wenn reichlich Nahrung zur Verfügung steht, sind die Familien groß und mehr Kinder wachsen heran, um später ihrerseits Familien zu gründen. Vor dem Zeitalter der Kühlschränke und des Ferntransports führte jedoch eine

Missernte zwangsläufig zu einer Hungersnot.

Haustiere und Kulturpflanzen müssen vor ihren natürlichen Feinden geschützt werden, da sie durch die Domestikation oft ihre natürlichen Widerstandskräfte gegen Raubtiere und

JAGD

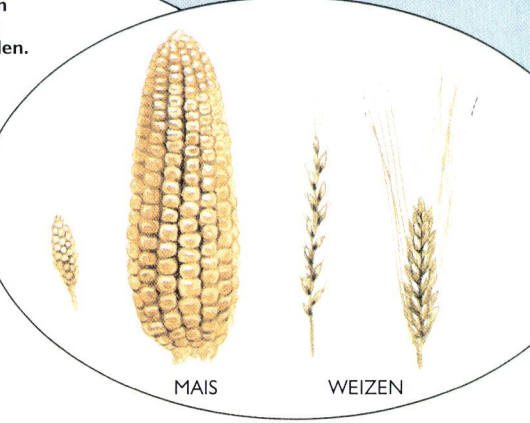

Die Karte zeigt, in welchem Gebiet der Erde bestimmte Tiere oder Feldfrüchte zum ersten Mal angebaut oder gezüchtet wurden.

### Jagd und Viehzucht

Frühe Menschen jagten, um sich Nahrung zu beschaffen. Um die großen Herden zu verfolgen, die in der afrikanischen Savanne umherstreiften, wanderten sie von Ort zu Ort. Mit der Zeit bemerkten sie, dass es möglich war, Einfluss auf die Wanderungen der Tiere, von denen sie abhängig waren, zu

nehmen. Sie entzündeten Feuer, um sie einzukesseln, oder errichteten Dornenzäune um sie herum. Nachdem die Menschen gelernt hatten, wie man Tiere und Pflanzen züchtete, brauchten sie nicht mehr als Nomaden ihre Beutetiere zu verfolgen. Statt dessen begannen sie, feste Ansiedlungen zu errichten.

VIEHZUCHT

MAIS          WEIZEN

### Vor und nach der Zucht

Viele Wildpflanzen wurden vom Menschen in Kultur genommen und weitergezüchtet. Durch planmäßigen Anbau und ständige Pflege wurde erreicht, dass sich die Qualität

der Früchte oder Körner verbesserte. So wurden zum Beispiel die Samen von Weizen und Einkorn vergrößert, damit sie mehr Nahrung lieferten.

Krankheiten verlieren. Wölfe, Füchse und Hirsche wurden vom Menschen gejagt, weil sie die Tiere und Pflanzen, die die Menschen züchteten, fraßen. Insekten sind zu einem zunehmenden Problem geworden. Seit hundert Jahren werden sie mit Chemikalien bekämpft. Die Umwandlung von Wald und Grasland in Acker- und Weideflächen führte dazu, dass die natürlich vorkommenden Tiere und Pflanzen durch vom Menschen gezüchtete Formen ersetzt wurden. Auf diese Weise wurde ein großer Teil unserer natürlichen Umwelt zerstört.

Schon früh wurden Tiere zum Ziehen von Lasten gebraucht. Dieses beinahe 3000 Jahre alte Relief aus Babylon zeigt zwei Ochsen, die einen Pflug ziehen, an dem eine Sämaschine befestigt ist. Der eine der beiden abgebildeten Männer schüttet Samen in den Trichter.

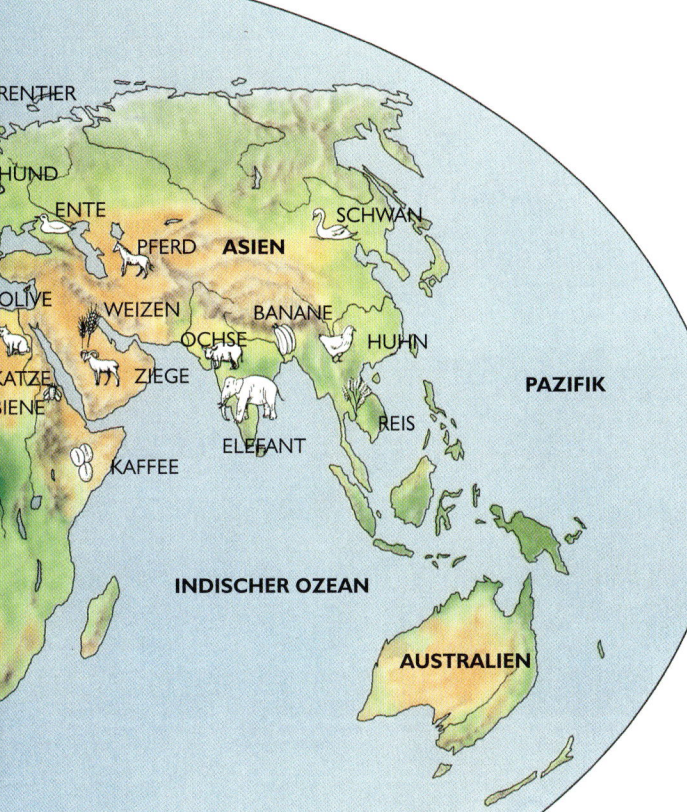

## Der gemeinsame Vorfahr aller Hunde

Ein gutes Beispiel für die Möglichkeiten, durch Zucht neue Formen und Größen zu erzeugen, zeigen die Hunde. Alle Hunderassen, vom Pudel und dem niedlichen Chihuahua bis zum Bullterrier und der Dogge, stammen von Wölfen ab, die von unseren Vorfahren vor mehr als 1000 Jahren zu Haustieren gemacht wurden. Der Schäferhund und der Husky haben sich am wenigsten verändert und sind eigentlich gezähmte Wölfe. Wenn Hunde Schafe hüten oder bei der Jagd eingesetzt werden, nutzen sie die natürlichen Anlagen des Wolfs.

PUDEL — DALMATINER — PEKINESE — CANIS DIRUS — CHIHUAHUA — DOGGE — CORGI — BULLDOGGE

## Haustiere

AUEROCHSE (BOS PRIMIGENIUS)

WILDSCHWEIN (SUS SCROFA)

Für die Domestikation, die Nutzung als Haustier, wurden bestimmte Tiere ausgewählt. Solche, die die gewünschten Eigenschaften sowie gutes Fleisch und Fell aufzuweisen hatten, wurden gepaart. Unter den Nachkommen traf man erneut eine Auswahl, bis nach Hunderten von Jahren Tierherden friedlich mit dem Menschen lebten.

Zu Haustieren gewordene Tiere können ohne Schutz nicht überleben, da sie langsamer und weniger intelligent als ihre wild lebenden Verwandten sind. Das erste domestizierte Tier war der Hund, gefolgt von Schaf und Ziege, Schwein und Rind. Vor 5000 Jahren wurden Lasttiere, wie Esel, Pferd und Kamel, zu Haustieren. Als letztes Tier wurde die Katze domestiziert. Die Domestikation, die allmähliche Umwandlung von Wildtieren in Haustiere, ist nicht einfach: Vor 2000 Jahren misslang den Römern die Domestikation von Damhirsch und Gepard. In den letzten beiden Jahrtausenden wurden nur Meerschweinchen, Ratte und Goldhamster zu Haustieren.

## Die Anpassungs-
## fähigkeit
## der Menschen

Menschen haben es geschafft, in vielen der extremsten Lebensräume der Erde zu überleben. Von der eisbedeckten Arktis bis zu den höchsten Gipfeln der Anden oder den trockensten Teilen der Sahara, stets haben sich Menschen ihrer Umgebung angepasst. Seitdem Menschen Vögel durch die Luft fliegen und Fische in Flüssen und Meeren schwimmen sahen, haben deren Lebensräume dazu herausgefordert, sie zu erforschen und zu besiegen.

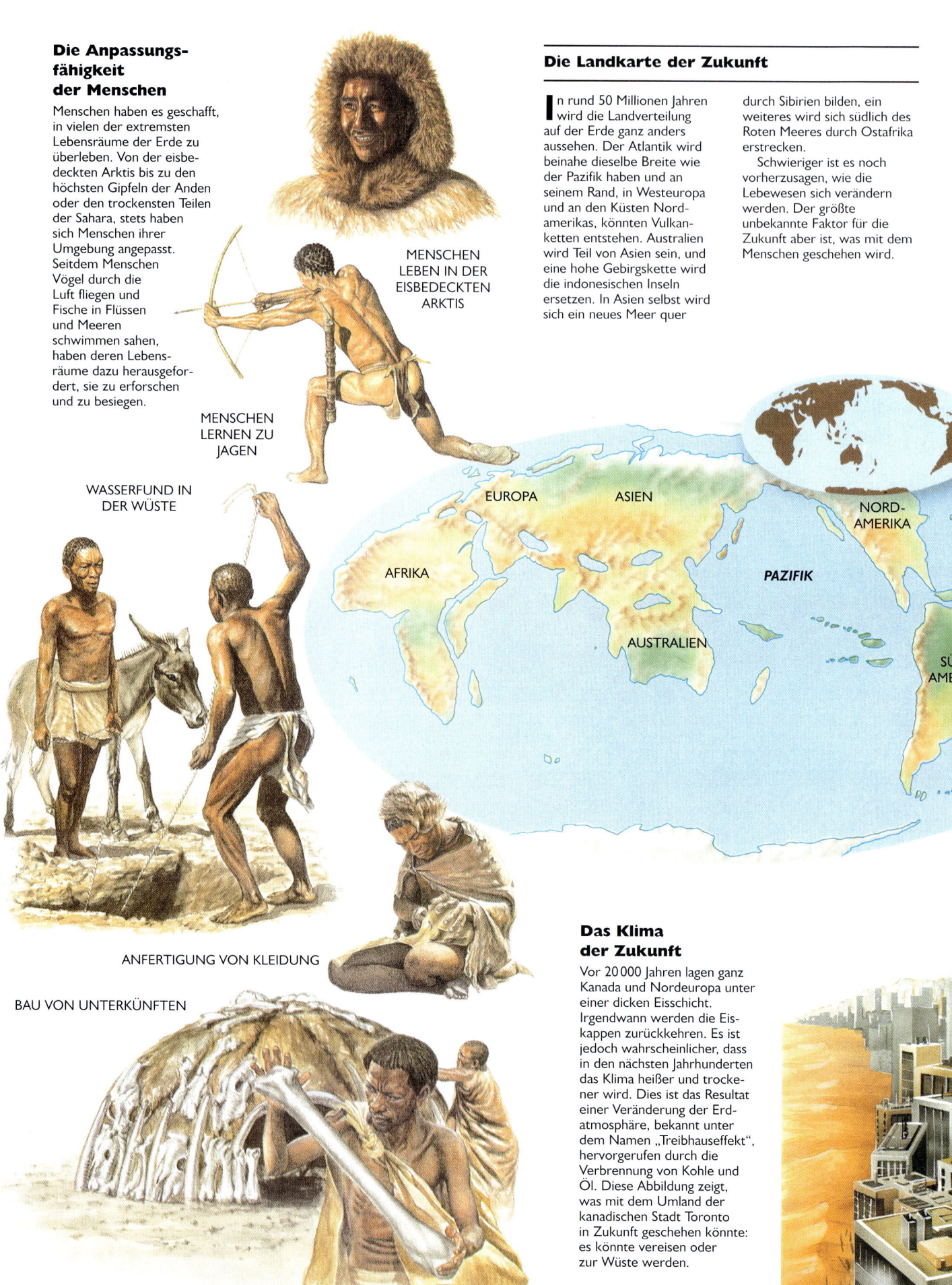

MENSCHEN LEBEN IN DER EISBEDECKTEN ARKTIS

MENSCHEN LERNEN ZU JAGEN

WASSERFUND IN DER WÜSTE

ANFERTIGUNG VON KLEIDUNG

BAU VON UNTERKÜNFTEN

EUROPA

ASIEN

NORD-AMERIKA

AFRIKA

PAZIFIK

AUSTRALIEN

SÜD AMER

## Die Landkarte der Zukunft

In rund 50 Millionen Jahren wird die Landverteilung auf der Erde ganz anders aussehen. Der Atlantik wird beinahe dieselbe Breite wie der Pazifik haben und an seinem Rand, in Westeuropa und an den Küsten Nordamerikas, könnten Vulkanketten entstehen. Australien wird Teil von Asien sein, und eine hohe Gebirgskette wird die indonesischen Inseln ersetzen. In Asien selbst wird sich ein neues Meer quer durch Sibirien bilden, ein weiteres wird sich südlich des Roten Meeres durch Ostafrika erstrecken.

Schwieriger ist es noch vorherzusagen, wie die Lebewesen sich verändern werden. Der größte unbekannte Faktor für die Zukunft aber ist, was mit dem Menschen geschehen wird.

## Das Klima
## der Zukunft

Vor 20000 Jahren lagen ganz Kanada und Nordeuropa unter einer dicken Eisschicht. Irgendwann werden die Eiskappen zurückkehren. Es ist jedoch wahrscheinlicher, dass in den nächsten Jahrhunderten das Klima heißer und trockener wird. Dies ist das Resultat einer Veränderung der Erdatmosphäre, bekannt unter dem Namen „Treibhauseffekt", hervorgerufen durch die Verbrennung von Kohle und Öl. Diese Abbildung zeigt, was mit dem Umland der kanadischen Stadt Toronto in Zukunft geschehen könnte: es könnte vereisen oder zur Wüste werden.

Vor 50 Millionen Jahren sahen die Lebewesen ganz anders aus als heute. Wie wird das Leben auf der Erde nach weiteren 50 Millionen Jahren aussehen?

Nicht alles Lebende wird sich verändern. Manche Tiere, wie z. B. das Krokodil, sehen heute genauso aus wie vor 200 Millionen Jahren. Es ist jedoch wahrscheinlich, dass Tiere, die zu sehr von einer einzigen Nahrungsquelle abhängen, wie zum Beispiel der Bambus fressende Große Panda, eine Veränderung des Klimas nicht überleben werden.

In weiten Teilen der Erde haben die Menschen den natürlichen Wald zerstört und ihn durch zwei neue Lebensräume ersetzt: das Ackerland und die Stadt. Einige Tiere haben sich in diesen Lebensräumen prächtig entwickelt. Kaninchen, Ratten und Mäuse leben auf den landwirtschaftlich genutzten Flächen, Tauben nisten auf Gebäuden und Möwen leben auf Müllkippen von Abfall.

ATLANTIK

Menschen haben sich selbst den unwirtlichsten Lebensräumen der Erde sehr gut anpassen können. Anders als Tiere und Pflanzen, die sich über Tausende von Generationen ihren Umweltbedingungen angepasst haben, haben Menschen ihren Verstand benutzt, um ihre angeborenen Fähigkeiten zu verbessern. Anstatt sich in extremer Kälte einen dicken, warmen Pelz wachsen zu lassen, haben sie anderen Tieren, wie Bären oder Schafen, ihre Felle gestohlen, um sich vor Kälte zu schützen. In den Wüsten haben sie tiefe Brunnen gegraben, um Wasser zu finden, das der Kaktus nur mithilfe tief reichender Wurzeln erreichen kann. Unfähig, so schnell zu laufen wie die meisten Tiere, entwickelte der Mensch am Anfang die Fähigkeit, zu überraschen und einen Hinterhalt zu legen, Fallen zu bauen und Steine und Holz zur Herstellung von Waffen zu verwenden.

Später ritten Menschen auf schnellen Pferden und bauten schließlich Maschinen, mit deren Hilfe sie sich

### Wie wird die Evolution weitergehen?

In der heutigen Welt sind Nagetiere, wie Kaninchen, extrem erfolgreich. In der Zukunft können sie sich zu Riesenformen von der Größe eines Rehes entwickeln. Auch Mäuse und Ratten könnten wachsen und so groß und gefährlich wie Füchse und Wölfe werden.

Zu den ungewöhnlichsten Formen wird die Evolution weiterhin auf ozeanischen Inseln führen. Es werden neue flugunfähige Vögel auftauchen und möglicherweise sogar flugunfähige Riesenfledermäuse. Mehr Landtiere werden sich dem Leben im Wasser anpassen. Isolierte Inselbevölkerungen könnten sogar Schwimmhäute an Händen und Füßen entwickeln und sich damit in eine Zukunftsversion der Meerjungfrauen verwandeln!

**TIERE DER ZUKUNFT**
RIESENFORMEN VON KANINCHEN, MAUS UND RATTE

schneller als jedes Tier fortbewegen konnten. Da sie keine natürlichen Feinde hatten, wandten sich die Menschen gegeneinander. Konkurrenz unter den Menschen selbst und die Veränderungen der natürlichen Umwelt haben zu der Vielfalt der Menschenrassen unserer Tage geführt.

Eines Tages wird der Mensch vielleicht sogar seinen Heimatplaneten, die Erde, verlassen und Kolonien im Weltall gründen.

# DIE ENTWICKLUNG DES LEBENS AUF DER ERDE

VOR MILLIONEN JAHREN

| | |
|---|---|
| 1 500 | |
| 1 400 | |
| 1 300 | |
| 1 200 | |
| 1 100 | |
| 1 000 | |
| 900 | |
| 800 | |
| 700 | |
| 600 | |
| 500 | |
| 400 | |
| 300 | |
| 200 | |
| 100 | |

ALGEN

BLÜTENPFLANZEN

NADELBÄUME

GINKOS

FARNE

BÄRLAPP

SCHACHTELHALME

ALGEN

INSEKTEN

KREBSE

SPINNEN

MOLLUSKEN

HEUTE

58

Alles Leben auf der Erde geht auf
einen gemeinsamen Vorfahren
zurück. Als sich die verschiedenen
Pflanzen- und Tierformen voneinander trennten, bildeten sie neue
Äste im großen Baum des Lebens.

REPTILIENÄHNLICHE SÄUGER

REPTILIEN

KORALLEN UND QUALLEN

SCHWÄMME

KIEFERLOSE FISCHE

KNORPELFISCHE

KNOCHENFISCHE

AMPHIBIEN

VÖGEL

DINOSAURIER

MEERES- UND LANDSCHILDKRÖTEN

SCHLANGEN UND EIDECHSEN

KROKODILE

SÄUGETIERE

# GLOSSAR

**Algen**  Winzige Pflanzen, die nur aus einer einzigen Zelle bestehen.

**Amphibien**  Tiere, die, wie zum Beispiel Frösche und Molche, vorwiegend auf dem Land leben, ihre Eier aber im Wasser ablegen.

**Anpassung**  Die Entstehung von Merkmalen, die es einem Tier oder einer Pflanze ermöglichen, unter bestimmten Bedingungen zu überleben. Beispiele dafür sind der Panzer, der Schildkröten vor ihren Feinden schützt, oder der lange Hals, der es den Giraffen erlaubt, Blätter von hohen Bäumen zu fressen.

**Äquator**  Eine gedachte Trennlinie rund um die Erdkugel, die genau zwischen Nord- und Südpol liegt.

**Asteroid**  Ein Gesteinsbrocken, der um die Sonne kreist und etliche Kilometer groß sein kann. Dass Asteroiden auf die Erde prallen, kommt nur sehr selten vor.

**ausgestorben**  Bezeichnung für eine Tier- oder Pflanzenart, von der kein lebendes Exemplar mehr zu finden ist.

**Bakterien**  Primitive einzellige Lebewesen, die zum Leben keinen Sauerstoff benötigen. Manche von ihnen leben unter außergewöhnlichen Bedingungen, zum Beispiel in kochend heißen Vulkanquellen.

**Bestäubung**  Die Übertragung von Pollen von einer Blüte auf eine andere. Nur auf diese Weise können sich Samen bilden, aus denen dann neue Pflanzen wachsen.

**Beuteltiere**  Säugetiere, deren Junge bei der Geburt so unterentwickelt und hilflos sind, dass sie sich in einer Hauttasche auf dem Bauch der Mutter zu Ende entwickeln müssen. Zu den Beuteltieren gehören Kängurus und Koalas.

**Domestikation**  Die Umwandlung von wilden Tieren zu nutzbaren Haustieren.

**Eiszeit**  Eine Zeit kalten Klimas, zu der Nordeuropa und Kanada mit einer dicken Eisschicht bedeckt waren. Die letzte Eiszeit endete vor etwa zehntausend Jahren.

**Eiszeitalter**  Die Bezeichnung für die letzten zwei Millionen Jahre, in denen etwa alle hunderttausend Jahre eine Eiszeit eintrat, die mehrere zehntausend Jahre lang anhielt.

**Evolution**  Die allmähliche Veränderung von Lebewesen im Laufe von Generationen. Pflanzen und Tiere passen sich ihrer Umwelt an. Am schnellsten schreitet die Evolution voran, wenn sich die Umwelt ändert.

**Fossil**  Versteinerte Überreste eines Tieres oder einer Pflanze.

**genetischer Code**  Die chemischen Anweisungen im Innern jeder Zelle, die Pflanzen und Tieren mitteilen, wie sie wachsen und leben sollen.

**Kaltblüter**  Tiere, wie zum Beispiel Reptilien und Fische, die ihre Körpertemperatur nicht selbst regeln können. Stattdessen passt sich ihre Körpertemperatur der Temperatur ihrer Umgebung an.

**Klima**  Die durchschnittlichen Temperaturen und Niederschlagsmengen in einer Region im Verlauf vieler Jahre. Das Klima entscheidet darüber, welche Tier- und Pflanzenarten in einer Gegend überleben können.

**Knorpel**  Ein Material, das aussieht wie Plastik und sich auch so anfühlt. Die Knochen von Haien bestehen aus Knorpel. Aber auch andere Tiere besitzen Knorpel; sie schützen die Knochen vor Abnutzung.

**Koniferen**  Nadelbäume. Sie bringen ihre Samen im Innern hölzerner Zapfen hervor. Die meisten Koniferen sind immergrün, das heißt, sie behalten ihre Nadeln das ganze Jahr hindurch.

**Kontinent**  Eine große Landmasse wie Asien, Australien oder Amerika. Ein Kontinent besteht aus einer dicken Gesteinsschicht, die über den sie umgebenden Meeresboden herausragt.

**Kontinentalschelf**  Ein Gebiet, das die meisten Kontinente umgibt und in dem das Meer relativ flach ist, gewöhnlich weniger als 100 Meter tief.

**Korallen**  Winzige Meerestiere, so genannte Polypen, die riesige Kolonien bilden und ein steinernes Skelett errichten, in dem sie leben.

| | |
|---|---|
| **Landbrücke** | Eine schmale Landverbindung zwischen zwei Kontinenten, wie zum Beispiel Panama, das Nord- und Südamerika miteinander verbindet. |
| **Laubbäume** | Bäume, die im Herbst ihre Blätter abwerfen und im Frühjahr neue hervorbringen. |
| **lebendes Fossil** | Ein Tier oder eine Pflanze, die noch genauso aussieht, wie die Vorfahren, die vor Millionen von Jahren lebten. |
| **Lebensform** | Jedes lebende Wesen, also alle Pflanzen und Tiere. |
| **Lebensraum** | Die unmittelbare Umgebung eines Lebewesens. Der Lebensraum der Giraffen zum Beispiel ist die afrikanische Savanne. |
| **Meeresspiegel** | Die Höhe der Meeresoberfläche. Im Laufe von Jahrtausenden ändert sich der Meeresspiegel, vor allem, weil das Wasser während der Eiszeiten in Form von Eis gebunden war. |
| **Nachfahre** | Der Verwandte einer Pflanze oder eines Tieres, der durch seine Kinder und Kindeskinder mit ihm verbunden ist, zum Teil sogar über Millionen von Generationen. |
| **Nektar** | Eine süße Flüssigkeit, die Blüten absondern, um Insekten wie Bienen und Fliegen anzulocken, die dann den Pollen zur nächsten Blüte befördern. |
| **Organismus** | Lebewesen, also Pflanzen und Tiere. |
| **Paläontologie** | Die Wissenschaft, die sich mit Fossilien und frühen Lebensformen beschäftigt. |
| **plazentale Säugetiere** | Tiere, die vollständig entwickelte Junge gebären und diese dann mit Muttermilch aufziehen. |
| **Population** | Der Bestand an Tieren oder Pflanzen einer Art, die in einem bestimmten Gebiet leben. |
| **prähistorisch** | Etwas, das vor Tausenden oder sogar Millionen von Jahren lebte. |
| **Primaten** | Eine Gruppe von Säugetieren, zu denen Affen, Halbaffen und Menschen gehören. |
| **primitiv** | Etwas, das eine sehr alte und einfache Form hat. |
| **Reptilien** | Eine Gruppe kaltblütiger Wirbeltiere, die ihre Eier gewöhnlich auf dem Land ablegt. Zu ihr gehören Krokodile, Echsen und Schlangen. |
| **Savanne** | Ein Gebiet mit durchweg niedriger Vegetation, in dem es selten regnet. Savannen gibt es im Innern der wärmeren Kontinente, zum Beispiel in Afrika und Südamerika. |
| **Spurenfossilien** | Versteinerte Überreste der Grabgänge oder Fußspuren von Tieren, jedoch nicht von den Tieren selbst. |
| **Superkontinent** | Die Kontinente, die sich langsam über die Erdoberfläche bewegen, haben sich ein- oder zweimal zu einem einzigen riesigen Kontinent zusammengeschlossen. Der letzte dieser Superkontinente, der den Namen Pangäa trägt, existierte vor rund 200 Millionen Jahren. |
| **Tropen** | Die Teile der Erde, die beiderseits des Äquators liegen. |
| **Tundra** | Gebiete in arktischen Regionen, in denen das Klima so kalt und unfreundlich ist, dass dort nur kleine, verkrüppelte Bäume überleben können. |
| **Umwelt** | Alles, was die Lebensbedingungen einer Pflanze oder eines Tieres ausmacht, darunter Klima, Land, Wasser und alle anderen Pflanzen und Tiere. |
| **Vorfahr** | Der Verwandte einer Pflanze oder eines Tieres, der durch seine Eltern oder Ureltern mit ihm verbunden ist, zum Teil sogar seit Tausenden oder sogar Millionen von Generationen. |
| **Warmblüter** | Tiere, deren Körpertemperatur immer gleich bleibt, unabhängig von der Außentemperatur. |
| **Wirbellose** | Lebewesen ohne Wirbelsäule, wie zum Beispiel Würmer, Spinnen und Krebse. |
| **Wirbelsäule** | Eine Reihe von Knochen, den Wirbeln, die den Körper eines Tieres stützen und es beweglich machen. |
| **Wirbeltier** | Ein Tier mit einer Wirbelsäule, zum Beispiel ein Fisch, eine Echse oder ein Elefant. |
| **Zelle** | Der kleinste Bestandteil der meisten Lebewesen. |

# REGISTER

## A

Ackerbau, 54-55
Affen, 6, 14, 45, 49, 53
Afrika, 10, 26, 44, 48, 49, 54, 56
*Alamosaurus* (Dinosaurier), 38, 39
Algen, 17, 24
Alligatoren, 31
*Allosaurus* (Dinosaurier), 31
Ameisenbären, 44, 45
Ameisenigel, 41
Amerika:
Nordamerika, 11, 17, 25, 31, 32-33, 38, 42-45, 47, 50, 51, 56;
Südamerika, 11, 26, 31, 35, 41, 44, 45, 49, 56
Ammoniten, 20-21
Amphibien, 26-28
*Anancus* (Elefant), 50
*Andrewsarchus* (Säugetier), 45
*Ankylosaurus* (Dinosaurier), 38, 39
Antarktis siehe Polargebiete
*Archaeopteryx* (Vogel), 7, 36-37
*Archelon* (Schildkröte), 28
Archosaurier siehe Dinosaurier
*Argentavis* (Vogel), 37
Arktis siehe Polargebiete
Armfüßer, 20-21
Asien, 10, 11, 19, 32, 44, 45, 49
Asteroiden, 12
Atlantis, 10
Atlantischer Ozean, 10, 11, 52, 56
Auerochse, 55
Australien, 11, 26, 29, 35, 41, 56
Axolotl, 27

## B

Bakterien, 13
Bären, 45, 50-51
Bärlapp, 7, 24, 25

Bartenwale, 47
*Basilosaurus* (Wal), 46
Bäume siehe Wälder
Baumfarn, 6, 7, 34
Beine, 26, 29
Bekleidung, 56
Belgien, 32
Beringstraße, 51
Bernstein, 18, 19
Beuteltiere, 41
Bison, 51
Blattfossilien, 18, 34, 35
Blaualgen (*Cyanophyten*), 13
Blindwühlen, 27
Blütenpflanzen, 7, 34-35
*Brachiosaurus* (Dinosaurier), 31, 33
Brückenechse, 29
Burgess-Schiefer, Fossilien, 16-17

## C

*Cetotherium* (Bartenwal), 47
*Chasmatosaurus* (Archosaurier), 30
China, 49
*Coelophysis* (Dinosaurier), 33
Cope, E. D., 33

## D

*Deinonychus* (Dinosaurier), 31
*Deinosuchus* (Krokodil), 31
Delfine, 29, 46
*Diacodexis* (Säugetier), 44
Dickhornschaf, 51
*Dimetrodon* (Reptil), 7, 28
Dinosaurier, 7, 10, 11, 18, 30-33, 38-39
*Dinornis* (Vogel), 37
*Diplocaulus* (Amphibie), 26, 27
*Diplodocus* (Dinosaurier), 10, 31, 32-33
*Diprotodon* (Beuteltier), 41
DNS, 15

Dodo, 52
Domestikation, 54-55

## E

Echsen, 29, 52, 53
Eier, 26, 28; von Dinosauriern, 32-33
Eiszeiten, 42-43, 50-51, 56
Elefanten, 45, 50, 52
Elefantenvogel, 37
*Emblotherium* (Säugetier), 44-45
England, 32
*Enaliarctos* (Robbe), 47
*Eobasileus* (Säugetier), 10, 44, 45
Erdatmosphäre, 13
Erdbeben, 10
*Erythrosuchus* (Dinosaurier), 30
*Eurhinodelphis* (Wal), 46, 47
Europa, 11, 25, 42-45, 48-50, 56
Evolution, 14-17, 50, 58-59; auf Inseln, 52-53

## F

Farne, 25
Faultier, 44
Finken, auf Hawaii, 53
Fische, 22-23, 26, 28
Fledermäuse, 6, 46, 53, 57
Flusspferd, 50, 52
Fossilien, 6, 7, 13, 15, 16-23, 44; von Dinosauriern, 32-33; von Pflanzen, 25, 34, 35; von Vögeln, 37
Fotosynthese, 13
Frankreich, 51
Frösche, 27
Füchse, 55

## G

Galápagosinseln, 52
genetischer Code, 7, 14-15